跨國界閱讀

中國語文及文學教育系列

這系列的著作，是研究員和教師的研究和實踐成果，目的是推廣全球華人的優質語文和文學教育。研究理論綜合了中外學者的最新發現；資料和數據都來自學校和教育機構，配合嚴謹的研究法，研究結果可說學術和實用價值兼備。這系列的著作適合學者、教育工作者、教育學院學生，和對語文及文學有興趣的人士閱讀。

主編
謝錫金

已出版：

《多語言、多文化環境下的中國語文教育：理論與實踐》
羅嘉怡、巢偉儀、岑紹基、祁永華　編著

《幼兒綜合高效識字：中文讀寫的理論及實踐》
謝錫金、李黛娜、陳聲佩　編著

《香港幼兒口語發展》第二版
謝錫金

《香港少數族裔學生學習中文的研究：理念、挑戰與實踐》
叢鐵華、岑紹基、祁永華、張群英　編著

《非華語學生的中文學與教：課程、教材、教法與評估》
謝錫金、祁永華、岑紹基　主編

《課室的人生舞臺：以戲劇教文學》
何洵怡

《香港中國語文課程新路向：學習與評估》
岑紹基、羅燕琴、林偉業、鍾嶺崇　編著

《中國語文課程、教材及教法：面向有特殊學習需要的學童》
謝錫金、張張慧儀、羅嘉怡、呂慧蓮

《兒童閱讀能力進展：香港與國際比較》
謝錫金、林偉業、林裕康、羅嘉怡

跨國界閱讀

翻譯文學的教與學

何洵怡

HKU PRESS
香港大學出版社

香港大學出版社
香港薄扶林道香港大學
https://hkupress.hku.hk

© 2020 香港大學出版社

ISBN 978-988-8528-29-5（平裝）

10 9 8 7 6 5 4 3 2 1

亨泰印刷有限公司承印

獻給

周策縱教授

梁子勤教授

目錄

序：見證跨界之美

何洵怡博士的力作《跨國界閱讀：翻譯文學的教與學》多方面呈現了「跨界」的趣味。何博士豐富的學經歷亦譜出「跨界」的美麗篇章。

誠如何博士在結語中所言，本書是華人學術界首部專書，在「文學教育」的領域中探討翻譯文學的教與學。其論述深具理論基礎，又提供多元的教學策略。此書集結何博士多年的研究與教學成果，是嘔心瀝血的佳作，擲地有聲。

此部作品饒富深意，潛藏了近年蔚為風尚的「跨界」(border crossing) 精神。就研究面向而言，翻譯本身即是跨界的嘗試。本書的討論悠遊於中國文學/西方文學的交融，中文/外文的轉/譯，更聚焦於文本/文化/藝術/歷史/社會等議題交會時所可能擦出的火花。就選材而言，本書探究的八部作品有跨國界/跨時代/跨文類的特色，可以滿足諸多讀者/研究者/教師不同的需求。就教學法而言，本書更跨越了傳統的單向教學模式，強調以學生為主體的「教與學」(而非「教學」)，其亟思為翻譯文學的教學現場注入活血的努力不言可喻。

更難能可貴的，是何博士不凡的學經歷本身即見證了此一跨界的努力。何博士早年在香港中文大學主修中國文學；其後負笈臺灣，在政治大學及臺灣大學攻讀西洋文學；最終遠渡重洋，榮膺西雅圖華盛頓大學比較文學碩士以及威斯康辛大學麥迪遜校區東亞語文學博士。也因具備此等多元背景，何博士可以勝任諸多領域的研究和教學。其在香港大學任教多年，優異的表現令人刮目相看。

《跨國界閱讀：翻譯文學的教與學》見證了何博士的跨界之美。忝為其臺大外文系求學時期的老師，對於何博士的成就，深覺與有榮焉。謹藉此文，致上最誠摯的賀意。

張惠娟
國立臺灣大學外文系教授

致謝

中文系畢業後，我再修讀西方文學。知己知彼，這經歷不但增長我對自身文化、西方文學和世界的認識，更大大啟發我對文學、人生的體會。在臺灣受業四年，我深深感激在西方文學這個領域給我啟蒙的恩師：蔡源煌、彭鏡禧、顏元叔、朱炎、王文興、鄭恆雄、辜懷群、翁廷樞、張惠娟、閻振瀛、羅青哲。後來我負笈海外深造比較文學，以至今天在大學講壇上教翻譯文學，都是受他們影響的。我會繼續燃點這份熱情，把美麗的世界名著火把傳遞下去。

特此鳴謝臺大外文系張惠娟教授惠賜序言，老師中西學養精湛，虛懷若谷，是我的榜樣。還有各好友同仁，尤其是謝錫金、岑紹基、洪敏秀、蘇子中、林同飛、謝素堅、潘溫文、張慕貞、洪嘉惠、盧成瑗，他們的鼓勵和無私幫助，令我銘感於心。此外，也感謝兩位資深老師鄭秀蘭和鄭潔明同意刊載她們的論文；她們曾修讀我的「翻譯文學」課，但其本身文學素養深厚，並具洞察力。

此書得以順利出版，實在有賴香港大學出版社編輯的專業知識和不懈努力。在此謹向韓佳、何舜慈致謝。

梁子勤教授在我的學術道路上給與很多支持，並對本書提供寶貴意見，使我能改善不足之處。我亦難忘就讀研究院期間，周策縱教授循循善誘的指導；周公雖遠去，其風範長存。本書特別獻給周策縱教授和梁子勤教授，他們都是睿智、仁厚的學者，令人景仰。

何洵怡
2018年12月於香港大學

一、引言

更多認識自己、世界、人生

　　記得小時候我們讀過的外國文學作品嗎？《小婦人》(*Little Women*)、《基度山恩仇記》(*Le Comte de Monte-Cristo*)、《八十日環遊世界》(*Around the World in Eighty Days*)、《金銀島》(*Treasure Island*)、《羅賓漢》(*Robin Hood*)……這些作品中的異國世界令每個孩子著迷，是孩子成長的一部分。今天，我們長大了，翻閱外國文學作品，除了增加視野和深度外，還可以怎樣保持那份驚喜？這就需要從教育入手，在教與學上適得其法。

　　本書以翻譯為中文的西方文學經典做主線。翻譯文學課能鼓勵學生探索母語以外的語言和文化，擴闊其人文、藝術、世界的視野。這既是教學上的挑戰，也是趣味所在。以馬克吐溫 (Mark Twain, 1835–1910)《乞丐王子》(*The Prince and the Pauper*) 的兩個主角為比喻，讀者首先要跳出原來的身分 (不局限於母語文學文化的視界)，嘗試進入另一個身分 (了解他國文學文化)，提煉生命。經過深刻的閱讀歷程，克服一個又一個難關後，學生必然會有不凡的感受。以下逐一細看過程中的問題：

一、閱讀翻譯文學的意義

　　偉大的文學作品讓我們認識自己、經歷人生、體會美感藝術。這類作品的譯本亦如是，且能使我們更全面認識這個世界，尤其在不同文化聲音，體會古今永恆的人性。當然，我們需要閱讀不同類型的作品，不能顧此失彼。本書的西方名著閱讀只是起點而已。

　　閱讀是作者與讀者生命的互動。我們來到經典面前，試看能發現甚麼；最大的發現或許就是自己。Bloom指出：「先去發現莎士比亞，然後讓他來發現你。如果讀《李爾王》(*King Lear*)能讓你發現自己，那麼再斟酌它與你有何相通之處；它與你之間親近相連。」(頁9)真的，越融會貫通，越發覺優秀作品像鏡子反照每個人的生命，令我們沉思悲喜、治癒隱藏的傷痛，甚至提升我們的人格。

　　我們重視自己和別國的文化，因為這些都是人類智慧和美感的結晶；翻譯文學自然也值得珍愛。Damrosch認為，偉大的作品不僅超越時空，而且本身蘊含文化精髓——不是單純反射，而是不同層次的折射(頁2)。他的說法很有見地，讀者透過這道橋樑，對作品所反映的永恆人性有共鳴，也從別國文化體會中獲得見識和樂趣。因此，翻譯文學作品既是世界的共同財富，亦是獨特的民族藝術品。

二、理論架構

　　本書以翻譯文學的教與學為主軸，嘗試整合三個相關範疇：「中國文學」、「外國文學」、「教育」。人類活動可分為不同模式，如語言、文化、藝術、社會、政治、經濟等，文學和教育也包含其中。Even-Zohar的多元系統論(polysystem)認為，這些系統互相交疊和影響，也是開放和動態的。他特別重視文學和文化，以及文學系統內不同小系統的位置，尤其是翻譯文學的力量(頁199–200)。Even-Zohar的理論是本書檢視「中國文學」、「外國文學」、「教育」三者互動的基礎。

　　在翻譯研究範疇，文學作品由「源語」或「原語」(source language)轉為「目標語」或「譯入語」(target language；這裡指中文)，絕非單純的語言轉換。從「讀者反應」(reader-response)的批評角度來看，譯者也是讀者。儘管譯者的第一要務是忠於原著，但從領會到翻譯，譯作難免受到譯者本身的性情、經歷、識見、文化、語言等因素影響。因此，張曼儀指出，翻譯追求近似(approximation)而不是對等(equivalence)。就算使用同一語言也不可能達到百分百傳意的效果，更遑論要跨越兩種語言和文化(頁29)。我們放開了這個絕對的要求，便會明白譯作不能等同於原作，有論者甚至認為譯作乃原作的「來生」或第二生命(Benjamin，頁77；謝天振，2014，頁130)，因為它注入了譯者的生命，有創作成分，也令原作在他國產生影響力。

　　正因這些語言、文化、個人創作元素，譯作的定位是置於譯入語的文學系統(這裡指「中國文學」)內。從教學角度來看，我們固然可以把文學譯本視作第一語言的教學材料，但翻譯文學的師生必須意識到譯文以外的原文世界。那就

是說，「中國文學」系統和「原著國家文學」系統有語言、文學、文化的交流。莊柔玉指出，多元系統論開拓翻譯研究新視野，令大家不是只把翻譯作品視為依附原作，而是整個社會文化體系的有機部分。然而，這個系統或過於宏大，未能細緻解釋個別系統本身的層次和系統之間的關係（頁127）。多元系統論的可貴處在於其兼收並蓄的特點，但問題是每個系統都有該個領域的專家，研究者須具體從自己熟悉的範疇出發，結合Even-Zohar的框架深入探索。故此，本書以「教育」系統為重心，從三方面看不同系統之間的關係：

本書「多元系統」的理論架構

第一，「教育」與「中國文學」系統的關係。本書的焦點為「翻譯文學的教與學」，因此集中處理「翻譯文學」範疇的教與學問題，下面四至七節將詳細闡述本書的教學理念、目標、選材、教學法、評核等項目。現在先談定位問題：翻譯文學在「中國文學」的大系統內非孤立存在，它與中文原創系統和其他系統（例如改編作品）的關係千絲萬縷。Even-Zohar指出，翻譯文學在譯入語文學系統內有時處於中心、有時處於邊緣位置。處於中心是因為譯入語文學正值雛形、弱

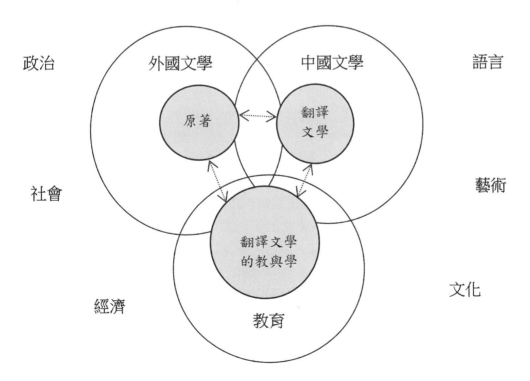

註：每個圓圈所代表的系統都是開放的，與其他系統互有交疊。現實世界裡當然還有其他系統，而各系統間實際的互動和交疊關係也會比此圖所示的更為複雜。

勢、轉折之時，譯作對譯入語文學產生巨大影響力（頁200–201）。有些後來者例如Lefevere從意識形態、詩學、贊助人三個理念入手，進一步揭示了在這個變動過程中支配翻譯作品地位的種種因素（頁242）；文學系統內外的各方人士可因各類思想或文學理念，促進或阻礙文學閱讀。

這些學說令人聯想到1917年胡適提出〈文學改良芻議〉一文後，以白話文書寫的現代文學初期發展。知識分子追求進步的外國文明，以圖國家富強，因此譯介大量高素質的外國文學作品，他們希望外國作品內容能啟迪民智，而作品的技巧亦能提高他們自身的創作力，如1918年《新青年》推出易卜生（Henrik Ibsen, 1828–1906）專號，把易卜生的戲劇作品《傀儡家庭》（A Doll's House）介紹給中國讀者。胡適也於1919年創作話劇《終身大事》，講述爭取婚姻自主。由理念到實踐，胡適都強調個人自由的五四精神。其實還有很多別的作家例子，正如柳存仁指出，不論形式技巧或思想內容，西洋文學的影響已深深滲入新文學的創作。西洋文學既是動力，亦是靈感的泉源；他又說：「文學是超越國家界限的，各國文學雖有其特質，但在溝通情感、啟發思想、闡明人性方面，文學語言是普遍的。所以西洋文學的譯著，亦是中國文學作品的一部分」（頁7–8）。故此，我們教授翻譯文學時，也要注意「翻譯文學」與「中國文學」大系統內其他系統的關係，例如「翻譯文學」與「受其影響的中文創作」的比較、「翻譯文學」與「相類似題材或藝術技巧的中文創作」的比較。有此比較理念，翻譯文學課的討論和評核空間也會拓寬。

第二，「教育」與其他系統的關係。最先觸及的當然是「教育」與「外國文學」系統的連繫。如果師生對「原語」有一定掌握，就可參看原文片段或使用視聽教材，豐富對原文世界的認識。與此密切相關的是「教育」與「文化」系統的互動。「文化」系統又可細分為「中國文化」和「外國文化」，例如對儒家學說和基督教的理解。另外，「教育」和「藝術」系統也互相結連，例如教師藉戲劇、繪畫、音樂等媒介，豐富學生對作品和時代的認識。其實還可涉獵更多系統，如「政治」、「社會」、「語言」，逐一打開窗子認識原作和譯作。

最後，「教育」系統內的小系統也互動不息。假如「翻譯文學」在「中文教育」系統內，那麼「翻譯文學」在大陸、臺灣、香港三地中文課程的位置和影響程度將會值得關注。此外，本書亦關注「品格教育」、「情感教育」、「創意教育」的系統。換言之，除認知外，還希望能培養學生更多感同身受（empathy）的情懷，以提升品德，也希望從翻譯文學的寬廣視野，擴展學生的審美心靈。

本書藉多元系統的翻譯文學研究理論，擴展至「教育」系統，初步建立翻譯文學教與學的理念架構。「多元系統」內不同系統的互動，需要學者不斷補充和修訂。本書試從教育角度結連「中國文學」和「外國文學」系統，冀為翻譯文學教學和研究者提供一個方向。

三、文學翻譯

文學翻譯的文化和語言差異可以帶來不同的演繹：某些事物在別國引發不同的聯想、某地方的方言在別國不一定有對應的詞彙。因此，翻譯文學教學涉及很多翻譯學的課題，如譯文能否盡得原文神髓、譯作能體驗多少原作的語言藝術特色、是否需要比較不同版本譯作等。對語言有心得的老師，可結連「教育」和「語言」系統。Gillis 建議選取部分原文片段閱讀（頁 186）。在高年級教室，我們可以藉此法推敲、討論、比較。但有兩個問題：(1) 如果教師不熟悉原文的外語，他就無從判斷；(2) 不同年級的著眼點不同。如對象為初學者，我們宜先放下這些問題，把重點放在如何教好翻譯文學課。正如老師在任何文學課，也會透過各種方法，深入作品內涵，並鼓勵學生思考體會。

譯本方面，以譯文的準確流麗為標準。優秀的譯本令讀者讀起來毫無障礙，像母語閱讀一樣。有些譯本是公認的名作，如胡耀恆譯《伊底帕斯王》(*Oedipus the King*)、余光中譯《不可兒戲》(*The Importance of Being Earnest*)、思果（蔡濯生）譯《湯姆歷險記》(*The Adventures of Tom Sawyer*)。有些譯本可信賴權威、具公信力的出版社，如大陸的上海譯文、人民文學、譯林，臺灣的聯經、桂冠。但即使接近當代的優秀譯本，也難免有疏漏之處，老師宜細心審察。

課堂教學方面，統一採用相同譯本自然較方便，尤其是短篇小說。但有時因較難購買同一版本，或因學生閱讀繁簡字體習慣不同，老師也可推薦不同的譯本，例如長篇小說《簡愛》(*Jane Eyre*) 就有很多大陸和臺灣的上佳譯作，老師教學以女主角不同成長階段為主，不用執著每句或小環節。有時使用不同版本不但影響不大，反而能增加比較的意趣，例如體現主角說話不同的語調或微妙情感。不過，請注意，對成人學生就不宜採用節譯本或濃縮本，因為這會大大削弱原著的韻味和情意。

譯作不能絕對等同原文，但優秀的譯本能拉近二者的距離，刺激學生探索原文世界的興趣。筆者曾多次經歷，教完某些名著後，學生主動購票，觀賞外國劇團演出這些作品。難怪 Damrosch 指出，好的譯本可以視為原文的創造轉化、具體的文化交流、作品的新生階段（頁 66）。因此，不妨把翻譯看成一道橋樑，讓學生先以好奇和喜悅的心境走過，等他們有初步了解後，將來再以不同方式探索原文世界的珍寶。

四、教學目標

文學老師首要的教學目標必定是讓學生掌握作品的主題。故此，老師教授《簡愛》時，不會只滿足於分析一個愛情故事，也要指向主角成長這個主題。主

題是作品背後的深刻意義，可以是多層次的。這是學生最難以掌握的，所以老師先要幫助他們了解細節，逐步分階段引導。大家有了堅固的理解平臺後，才能展開具體、深刻的討論，最後歸納出概念。

第二個教學目標是期望學生更多體會人性、人生的面貌。古今中外的偉大文學作品，都離不開呈現人性善惡和生命悲喜。有學者指出，或因西方基督教罪與罰意識的影響，西方文學對於人性幽暗意識的探索，比偏向至善樂觀的儒家文化要深刻（夏志清，頁29、391；張灝，頁4、28；劉再復，頁159）。這當然非一概而論或有所謂西方藝術優於中國藝術之說，但上述學者確實指出了中國文學深入發掘人性靈魂方面的局限，而翻譯文學課正好提供了深度探討這方面的機會。在沉重得透不過氣的故事下，老師會追問種種人性軟弱、變化、沉淪或超升，例如在《凱撒》（*Julius Caesar*）中，為何忠心大臣會刺殺在上位者？為何良善動機給野心者利用？為何同一陣營盟友會反目？課堂討論越深刻，越能引起學生的學習動機，並越能增強其同理心及對人性的思考。

第三和第四個教學目標就是分別讓學生探討中西文化與藝術的課題，不過要在老師行有餘力和符合學生程度下推行。「文化」乃民族長期累積延續的物質和精神財富，師生可探索具體器物到制度習俗等觀念，即逐漸結連至「歷史」、「社會」、「宗教」、「哲學」等系統的背景知識。正如上面提到的《簡愛》，若學生不了解基督教精神，會較難全面掌握女主角的心路歷程，也會較難明白她出走的抉擇和男主角最後生命的改變。至於藝術特色，西方澎湃的藝術思潮和創意，往往給中國讀者無窮的想像空間及藝術啟發，例如上面第二節提到翻譯文學對五四時期作品的影響。《簡愛》固然具備寫實元素，但更重要的是，為何浪漫主義元素是作品的靈魂？作品中的隱喻更是耐人尋味。有些作品甚至是典範、或具有開創時代的意義，如《變形記》（*The Metamorphosis*）以荒誕又寫實的手法反映現代人的孤絕。這些技巧分析為學生帶來無窮的趣味和知識深度。

五、選材

本書的選材主要有兩個考慮：作品為西方文學經典，且能吸引學生。優秀的作品在本國和全世界都有口皆碑，經得起時間的考驗。張隆溪說得好，「『文學經典』是一個開放式的概念，指文學傳統中最好、最有價值、最具代表性的作品。……文學作品成為經典，必定是文學研究的成果，必須有學者和批評家作出解釋，讓人深信一部作品如何可以超出其民族文學原來的範疇，能夠對生活在很不相同的社會、政治、文化和歷史情境下的讀者群，都具有價值和吸引力」（頁11）。我們推介給學生的作品，題材廣泛，其對人性的深刻發掘和藝術的精湛，都是超越時間和國界的。所謂多元文化，就應該有寬廣的胸襟，兼容各類

作品。筆者以為，學生應先研讀優秀的作品，打下紮實基礎，再慢慢擴闊至不同領域。此外，選擇西方文學只是本書範疇的焦點，不等於說它們凌駕其他民族文學、國家文學之上。

本書的作品以西方文藝思潮發展為主軸排列，即是由古代文學（Ancient Literature）、中世紀（Middle Ages）、文藝復興（Renaissance）、新古典主義（Neo-classicism）、浪漫主義（Romanticism）、寫實主義（Realism），到現代主義（Modernism）為止。雖然不能每個時期都選出其代表作加以深入討論，但會介紹相關作品，並指出思潮的特色。本書所選的作品都緊扣這個主軸，如莎劇與文藝復興的關係、《簡愛》與浪漫主義和寫實主義的關係、《變形記》和現代主義的關係。至於各作品的深入闡釋，由於坊間已有很多參考書籍和論文，故非本書呈現重點。

此外，本書的選材還有其他考慮。首先是適合學生的興趣和程度。筆者曾推介意大利作家皮藍德婁（Luigi Pirandello, 1867–1936）的《六個尋找作者的角色》（*Six Characters in Search of an Author*）。這作品探索藝術與人生，甚是精彩，且得到學生的欣賞。然而，學生難以掌握作品的主題和藝術技巧。因此，本書盡量選出學生喜愛和力所能及的作品。其次，作品的長度要適切。由於受教學時間限制，除《簡愛》外，本書所選的作品篇幅都較短。筆者也在課程之初，就提醒學生閱讀《簡愛》。其實筆者曾考慮選擇俄國杜斯妥也夫斯基（Fyodor Dostoyevsky, 1821–1881）的《卡拉馬助夫兄弟》（*The Brothers Karamazov*）、法國雨果（Victor Hugo, 1802–1885）的《巴黎聖母院》（*Notre-Dame de Paris*）和《悲慘世界》（*Les Misérables*），惟因篇幅太長而割愛。另外，其他考慮因素還包括作品有否優秀的譯作、譯作是否容易在坊間買到、選材是否配合學校其他選書標準（例如IB國際文憑中文課程的翻譯文學作品書目）。當然，老師要挑選真心喜愛的作品，教學才能事半功倍且具感染力。本書「評核與回應」部分記述了更多推介作品，可供參考。

體裁方面，除《聖經》外，本書所選的其他作品都是戲劇和小說。老師可根據喜好加插適當的詩歌和散文作品，例如文藝復興時期蒙田（Michel de Montaigne, 1533–1592）、培根（Francis Bacon, 1561–1626）的散文和浪漫主義時期群星璀璨的英國詩歌。至於當代作品，除獲獎或備受好評的著作外，老師也可選取青少年文學作品，並連繫學生的成長和世界公民教育的目的。惟這部分不在本書探討範圍內，有興趣者可參看拙作《與全球孩子同行》。

讀者可順序閱讀或選取適合自己教學的作品為起點，如戲劇可由莎士比亞（William Shakespeare, 1564–1616）開始。他集中世紀和文藝復興創作的大成，對人性描寫細膩。大學和高中固然適宜深入探討人性與藝術，小學又何嘗不然？英國戲劇教育家Joe Winston就喜歡以莎劇在小學討論道德教育課題，譬如他往

往抓住作品充滿張力之處，以戲劇手法誘導學生情理兼備地體會和思考人性善惡種種兩難 (dilemma)，饒富深意 (頁 104、106)。換言之，低年級兒童不一定要選簡單的故事。好老師可以用深入淺出、貼近生活的方式，從經典文學作品帶出值得討論的問題，讓學生自小體會閱讀的愉悦，加強閱讀的深度。

六、教學理念與方法

本書的教學理念以文學教育家羅森布拉特 (Louise M. Rosenblatt, 1904–2005) 的「讀者反應」理論為依歸，其特色是由傳統以老師為主導的課堂，轉化為重視每個讀者 (學生)。讀者要積極參與整個閱讀過程，他與文本 (text) 的關係是平等、互動的。Karolides 指出，讀者與文本有交流。那就是説，讀者不是被動地接受作者提供的信息，而是透過自己的經驗、理智、情意，擷取所需要的東西——由實用到美學不等 (頁 5–10)。當然，閱讀越深刻，讀者與文本交流時所牽涉的美學元素會越豐富，而讀者也更能領受文本與自己共鳴的藝術世界。

實際教學上，老師是重要的引導者而非單向傳遞知識的主宰。老師鼓勵學生多方投入思考，可以在過程中加入有關作品的背景資料，讓讀者與文本的互動更豐富 (Karolides，頁 18)。老師固然應當有自己的看法，但不應提供絕對答案要學生依從。討論過程中，學生大可百家爭鳴，但要注意三點：(1) 大家要一同在文本這平臺上思考，而非天馬行空胡扯不正確或不相干的説法；(2) 提出的論點要有證據支持；(3) 過程中，學生可不斷修正、豐富自己的看法。可以説，羅氏這個理念是追求民主的教室，希望學生多角度思考、深刻體會作品的情意，而不會局限於己見或老師的權威。

這個理念引申出一個豐富「以學生為本」的教學模式。老師先要對作品有深刻的見解，尤其掌握不同層次的主題，然後才可因應內容設計不同的教學法、提出貼切的問題，讓學生思考。以長篇小説《簡愛》為例，一開始要讓學生了解女主角在不同階段的成長情況，然後讓他們代入主角的心境及其變化，最後才是深刻關鍵的討論題。由於要鼓勵學生代入角色思考、體會人物的感情，本書提供多樣配合內容的戲劇技巧，如朗讀劇場 (readers' theatre)、獨白 (monologue)、定格 (still-image)、集體建構角色 (collective character)。此外，讀者也可參考 Jonothan and Goode 對戲劇程式解説的 *Structuring Drama Work* 和拙作《課室的人生舞臺：以戲劇教文學》，以獲得更詳盡的理論和實踐知識。同時，本書的教學亦配合辯論、朗讀、繪畫、音樂、「寫作中學習」(writing-to-learn) 等活動，使學生能藉多樣感官和途徑領受作品。本書提供一些方法供老師參考，老師可因應個別情況彈性處理，如調整問題深淺程度，或加入相關的生活、時事討論題，甚至一學期只教一部作品，讓師生慢慢享受作品的各樣細緻趣味。

　　外國作品涉及不同國家的歷史、文化情況，老師可鼓勵學生先搜集一些背景知識，以豐富他們的閱讀層次，例如希臘悲劇《米蒂亞》(Medea)的「金羊毛」神話典故、莎劇《凱撒》時期羅馬的政治制度等。及後，當教學越深刻，學生對作品主題有一定的掌握後，老師也可以從不同文學理論角度引領學生思考，譬如女性主義觀點如何看《簡愛》？又或者可以比較不同作品，例如《凱撒》與《動物農莊》(Animal Farm)對獨裁者的看法有否不同？又或者比較某些西方觀念與中國文化觀念，例如《伊底帕斯王》的悲劇英雄和中國的英雄概念有何不同？這些多元思考都能加深學生對作品的理解。

　　最後，有關原文問題。正如第三節談文學翻譯時提及，老師可在教材加入原文的關鍵片段，尤其是英語作品，譬如《凱撒》第三幕兩個主角在廣場上的演講詞、《馬克白》(Macbeth)第五幕男主角的「明天獨白」("Tomorrow monologue")。老師甚至可朗讀一些英文句子，讓學生感受原文聲情之美。此外，老師提及名稱時，也可考慮盡量使用英語。這做法一方面能讓學生進一步貼近原文世界，另一方面可以解決學生有時使用不同譯本，以致譯名不統一的問題。老師如使用英語專有名詞，尤其是人名，可令教學焦點一致。若配合第四節所說有關藝術技巧的教學目標，一些專有名詞在原文是具特殊意義的，如《簡愛》的人名和地名。這些都是較深入、細緻的教學。

七、評核

　　評核目的是察看學生能否理解、應用課堂所學的知識，如人性善惡的分析、英雄的概念、悲劇作品對命運的探索、意象運用等，以致老師和學生自身能改善教與學的表現。課堂以學生為本，盡量讓學生表達閱讀心得，因此，由教學過程到總結，老師的評核也應該有不同方式：(1)課堂答問和學生討論；(2)簡短習作。學生寫簡要的文學日誌(literary journals)或參與各類「寫作中學習」的活動，例如在《變形記》課，假設學生為男主角，要在身體日漸衰竭下寫給這個世界的說話。這種讀寫結合練習，能凝聚學生自身的思考所得。「讀者反應」學習理論往往提供豐富的活動例子供老師參考，譬如代入角色寫日記、角色互相通信等；(3)學生分組輪流演出朗讀劇場。老師指定一些作品，給與示例(本書第七章有《變形記》劇本)。然後每組學生自行撰寫劇本，同時負責演出。作品因應不同級別學生而有異，低年級可用《伊索寓言》(Aesop's Fables)或經典兒童文學作品，如王爾德(Oscar Wilde, 1854–1900)的短篇小說；中學可用世界文學名著，如契訶夫(Anton Chekhov, 1860–1904)和歐亨利(O. Henry, 1862–1910)的短篇小說。

　　最深刻的評核是學期末的論文寫作(essay writing)，字數因應學生程度而異。學生可以評論個別文學作品，或評論兩部或以上的作品。本書鼓勵後者，因為前者令學生較易抄襲別人的意見；後者則訓練學生比較作品，鼓勵學生獨立思考和整理概念。根據本書多元系統的理論，老師設計課業時，可給與學生不同的選擇，如外國作品之間的比較，或外國文學與中國文學的比較。最初學生或會擔心自己對西方文學認識不足，無法應付作業，但如果老師在課堂提供足夠的示例和相關參考資料，學生最後會有信心完成作業。筆者期望每次師生教、學、評三方面的交流，都能使學生有所進益和保持對翻譯文學探索的好奇心。

八、總結

　　本書以「多元系統」和「文學交流模式」為理論依據，嘗試提供一些翻譯文學教與學的原則，尤其把翻譯文學定位為第一語言教學、重視比較原作和譯作的文化、以學生為本的課堂實踐等理念。每章包括以下環節：譯本選擇、教學目標、教學方法和過程、深入討論課題、推薦書目。老師可因應作品主題和學生程度，靈活變化教學重點和方法。

　　「翻譯為中文的文學作品」是「中國文學」系統內的一分子，它與「教育」結連後，又成為文學教育和其他教育(例如通識、品德、歷史、文化)不可或缺的一環。我們鼓勵學生閱讀中國古今文學名著之餘，也希望擴闊他們的閱讀視野，多認識自己、世界、人生。華文世界的讀者小時候閱讀的圖畫書和兒童文學，大部分都是外國文學翻譯本；成年後，我們仍能藉優秀的譯本，深入閱讀經典和當代著名外國文學作品，提高人文素養。

　　老師要慎選教材，引領學生閱讀深刻、有趣味的作品，而非一時的流行文學。整個過程希望學生能夠與文本交流，反思自己的閱讀經歷。學生的反思越深刻，他們就越能與作品主題產生共鳴。老師亦應借助富啟發的戲劇和讀寫說聽活動，甚至其他藝術媒介的教學與評核方法深入課題，讓學生對人生和藝術有更多感悟——明辨是非、體恤別人，懂得欣賞美好的東西。

　　「翻譯文學」與「外國文學」和不同文化系統結連，可以為學生開啟了解別國文化的大門，讓他們學會尊重自己，也尊重與自己信仰和生活習慣不同的人。正如曾任 *The Norton Anthology of World Literature*（第三版，2012）總編輯的 Puchner 所言，翻譯作品打開讀者認識世界文學之門，使各文化彼此了解。世界文學藉此促進和平（頁258）。這位學者之言賦予翻譯文學作品培養世界公民的意義，也令教與學的人抱持這種宏闊的信念和胸襟。

參考書目

何洵怡。《課室的人生舞臺：以戲劇教文學》。香港：香港大學，2011。

何洵怡。《與全球孩子同行：閱讀與服務的力量》。香港：香港大學教育學院中文教育研究中心，2010。

柳存仁。〈西洋文學的研究〉。載於《西洋文學研究》。臺北：洪範，1981。頁1–8。

劉再復、林崗。《罪與文學》。香港：牛津，2002。

王向遠。《翻譯文學導論》。北京：北京師範大學，2004。〔此書分析不同翻譯方法，如信達雅、直譯與意譯、神似與化境，資料詳盡〕

夏志清。《中國現代小說史》。香港：中文大學，2015。

謝天振。《隱身與現身：從傳統譯論到現代譯論》。北京：北京大學，2014。

謝天振編。《當代國外翻譯理論》。天津：南開大學，2008。

謝天振等。《中西翻譯簡史》。臺北：書林，2013。〔本書第九章闡述不少翻譯文學對中國現代文學的影響〕

張灝。《幽暗意識與民主傳統》。臺北：聯經，1990。

張隆溪。〈文學經典與世界文學〉。《二十一世紀》雙月刊151（2015）：9–17。

張曼儀。《翻譯十談》。香港：石磬文化，2015。

莊柔玉。〈用多元系統理論研究翻譯的意識形態的局限〉。《翻譯季刊》16、17（2000）：122–136。

Benjamin, Walter. "The Task of the Translator." In *The Translation Studies Reader*, ed. Lawrence Venuti. New York and London: Routledge: 2004. 75–83.

Bloom, Harold. *How to Read and Why*（《如何讀西方正典》）。余君偉、傅士珍、李永平、郭強生、蘇榕譯。臺北：時報文化，2002。

Damrosch, David. *How to Read World Literature*. West Sussex: Wiley-Blackwell, 2009.

Even-Zohar, Itamar. "The Position of Translated Literature within the Literary Polysystem." In *The Translation Studies Reader*, ed. Lawrence Venuti. New York and London: Routledge, 2004. 199–204.

Gillis, William. "Teaching Literature in Translation." *College English* 22.3 (1960): 186–87.

Karolides, Nicholas J., ed. *Reader Response in Secondary and College Classrooms*. Mahwah: Erlbaum, 2000.

Lefevere, André. "Mother Courage's Cucumbers: Text, System, and Refraction in a Theory of Literature." In *The Translation Studies Reader*, ed. Lawrence Venuti. New York and London: Routledge, 2004. 239–55.

Neelands, Jonathan, and Tony Goode. *Structuring Drama Work: A Handbook of Available Forms in Theatre and Drama*. Cambridge: Cambridge UP, 2000.

Puchner, Martin. "Teaching Worldly Literature." In *The Routledge Companion to World Literature*, ed. Theo D'haen, David Damrosch, and Djelal Kadir. New York: Routledge, 2012. 255–63.

Winston, Joe. *Drama, Literacy and Moral Education 5–11*. London: Fulton, 2000.

二、作品的教與學

第 1 章

《聖經》(The Bible)

　　《聖經》可說是西方文化的基石,對西方文化影響深遠。莊雅棠指出此書在西方不同領域,如哲學、科學、政治、經濟、法律、軍事、道德倫理、教育、藝術等,都有無比的貢獻(頁19-26、70-78)。從文學角度而言,《聖經》寫作時間早,其教義是西方文學作品的核心,如罪與罰的觀念、人性的墮落與掙扎、魔鬼的力量等。此外,《聖經》的用詞、典故也豐富了西方藝術的內涵。

　　基督徒相信聖經是神(God,或譯作「上帝」)所啟示的,以彰顯衪對人類的救贖。《聖經》分兩部分:舊約(The Old Testament)以希伯來文書寫,共三十九卷,主要述說上帝的創造和選擇以色列人為選民的歷史:新約(The New Testament)以希臘文書寫,共二十七卷,主要述說耶穌的降生與救贖,還有初期門徒傳福音的經過。

　　以多元系統立論,本章除中國文學、希伯來文學外,還結連猶太宗教、文化、基督教藝術等系統,以激發學生探索西方文化之根源和比較中西文化之內涵。

一、譯本

　　第一本中文譯本《神天聖書》由英國牧師馬禮遜(Robert Morrison, 1782–1834)於1823年出版。其後不同的中文文言和方言譯本相繼出現,但至今華人世界中最通行的是1919年出版的白話文《國語和合本聖經》(《和合本》)。本書主要參照海天書樓出版的《中文啟導本》,這版本以《和合本》為基礎,加上大量考證、註釋、輔讀、索引。學生也可參考更淺白易懂的《現代中文譯本》。英譯

本方面，可參考典雅英語的 King James Version，或現代英語的 The New English Bible、New International Version、*The Message* 版。

二、教學重點

面對這本博大精深的大書，老師只能選擇其中的關鍵片段教學。本章的選材參考 *The Norton Anthology of World Masterpieces*（第七版，1999）的《聖經》章節，希望學生透過課堂掌握相關章節內涵之餘，也欣賞其藝術特色：

1. 學生能指出基督教教義的精髓。基督教認為神獨一無二、有絕對的權能。祂創造天地萬物，滿有公義慈愛。但由於人犯了罪，離開神，於是神差遣祂的獨生子耶穌基督（Jesus Christ）降生為人，彰顯真理，引導世人回轉歸向神。他在世三十三年，傳道、治病、趕鬼、教導門徒，卻受迫害，最後釘死在十字架上，應驗《聖經》舊約所說的事情。但他戰勝死亡，從死裡復活，為世人的罪流血。這象徵信他的人，也必從死裡復活，得到永生。

2. 學生能欣賞事件背後的藝術手法，尤其是意象（imagery）的運用。意象就是蘊含感情、意義的物象（Harmon and Holman，頁 284–85）。

三、教學方法

1. 小組討論、報告：小組要閱讀指定的《聖經》章節，然後報告重點。老師需提醒學生，報告時要勾畫重要、關鍵的情節，避免複述大堆細節。表現較佳者更能提出見解，與同學討論。

2. 意象教學：思考意象，希望學生從具體物象發掘物象背後的概念。每組學生報告完畢後，要說出兩至三個最能代表這段章節的意象。意象教學很適合《聖經》教學，因為基督教（或所有宗教）本身有許多象徵，如十架、酒和餅、羔羊等物象，隱含特殊意義。

3. 繪畫教學：畫作的意象、光影、線條、題材既配合文本，也有助提高學生的審美和文化水平。老師介紹有關基督教的名畫，如達文西（Leonardo da Vinci, 1452–1519）的《最後晚餐》，還有米開朗基羅（Michelangelo Buonarroti, 1475–1564）以《創世記》為題材在教堂拱頂所繪的畫。至於低年級同學，老師可鼓勵他們根據經文繪畫故事。以關於大洪水的經文為例，學生可嘗試想像方舟內人與動物、動物之間如何相處，然後分組繪畫出來。此外，老師也可展示相關題材的圖畫書。

四、教學過程

《聖經》是全世界最暢銷、被翻譯成最多種語言的書籍。讀者有何評價？課堂先以世界名人，如牛頓 (Issac Newton, 1643–1727)、愛迪生 (Thomas Edison, 1847–1931)、海倫凱勒 (Helen Keller, 1880–1968)、韓德爾 (George Handel, 1685–1759)、華盛頓 (George Washington, 1732–1799) 等人對《聖經》的推崇為引子。在教學過程中，老師亦可運用以基督教為題材的名畫，配合《聖經》章節，提高學生的西方文化修養。

老師把學生分為九組。頭六組閱讀舊約，其中三組是約瑟 (Joseph) 的故事；後三組閱讀新約，主要有關耶穌基督的生平。

舊約

第一組：創世與人的墮落（《創世記》，1–3章）

學生開始研讀舊約。神用六天創造天地，造光、空氣、地、海、植物、日月星辰、動物，最後神按自己的形象造人。第七天為安息日。神也設立美麗的伊甸園 (Garden of Eden) 讓人居住，並用這男人的肋骨造了女人。男人名叫阿當 (Adam)，女人名叫夏娃 (Eva)。神吩咐他們不可吃園中善惡樹的果子，否則一定死。但蛇誘惑 Eva 吃果子，女人因貪欲而吃了果子，也叫她的丈夫一起吃。

人犯罪，有甚麼結果？兩人吃了果子後，都覺得羞恥，不敢見神。神懲罰人，把他們趕出伊甸園，並叫女人懷胎受苦，而男人要流汗、努力工作才得糊口。最後，人必歸於塵土。

從這段經文可見，神在基督教是唯一的真神，祂全知全能全在，是萬物和人類歷史的主宰（姜台芬，頁62）。另外，始祖 Adam、Eva 犯罪所帶來的結果，那就是人要承擔罪 (sin) 的代價。人與神隔離後，離開美善，活在罪惡中，無法拯救自己。神懲罰人的過犯，但祂仍深愛世人。故此，神也為世人付上代價，就是後來以自己兒子的性命為人類贖罪。

> **思考意象**：如「光」代表神的權能，也象徵祂創造世界的開始，世界不再黑暗混沌；「伊甸園」代表神給人一切的美好；「蛇」代表邪惡，引誘人做壞事，離開神。

第二組：大洪水（《創世記》，6–9章）

　　神看見人在地上犯了許多惡行，於是計劃用洪水消滅所有生物，除了挪亞（Noah）一家。Noah忠心愛主，是義人。神吩咐他造一艘大方舟，全家搬進去，並帶同各類動物（一公一母）上船。大雨果然連降四十晝夜，淹沒地上一切。及後，挪亞見大水已退，就放出鴿子，看牠能否找到棲身之處。

　　Noah確定大水完全退卻後，就帶全家走出來，然後築壇獻祭，感謝神使他生存。神賜福Noah及其後裔，生養眾多，並與Noah立約，以彩虹為記，答應不再用洪水毀滅地上的活物。學生要注意的是，世間一切的賞罰和主權在神，而非人。Noah因信主、不隨世人犯罪、遵行主道，才得到神的拯救。

> **思考意象**：如「方舟」代表神的救恩；「洪水」代表神的公義大能，要洗淨罪惡；「彩虹」代表神對人的恩典，承諾保護義人。

第三組：Joseph 的故事（一）：被賣下獄（《創世記》，37–39章）

　　雅各（Jacob）有多個兒子，但他最寵愛十七歲的小兒子Joseph，給他彩衣，令十個哥哥非常妒忌。Joseph喜歡做夢，他曾夢見哥哥的禾捆向他的禾捆下拜，又夢見日月、星辰向他下拜。那就是說，家人將來會向他俯首。這些話使哥哥更為憤怒。有一天，他們在偏遠的野外奪去Joseph的彩衣，推他下坑，然後把他賣給往埃及的商人。哥哥把染了山羊血的彩衣帶回家。Jacob得知Joseph的「死訊」後，十分悲傷。

　　Joseph被賣到埃及王護衛長的家。由於神與Joseph同在，他就百事順利（創39: 2）。主人十分信任他，把一切事務交他處理。誰知女主人竟然看上Joseph，Joseph堅拒與她同寢，女主人反而誣告Joseph對她無禮。主人一怒之下，把Joseph投進監牢。在獄中，獄長看重Joseph，把獄中一切事務都交給他。因為神與Joseph同在，他所作的，盡都順利（創39: 23）。

　　這一段經文反映Joseph依靠主行事為人。他善良忠心，不受誘惑，所以神一直賜福保護他。就算遇到困難，他都能化險為夷。老師可指出，這個故事像短篇小說，Joseph這個角色如何透過事件，展現其性格。

> **思考意象**：如「彩衣」是父親給兒子的祝福，也是神給所愛的人的祝福；「夢」是神對義人的啟示。

第四組：Joseph 的故事（二）：解夢為相（《創世記》，40–42 章）

Joseph 在獄中為兩個犯事的官員酒政和膳長解夢，後來都應驗了。前者被釋放，後者則被殺。後來法老王做了兩個有關母牛和穗子的夢，全國智者無人能解。這時，酒政想起在獄中的 Joseph，就向法老王推薦他。Joseph 對法老王說，解夢能力不在他，而在於神。他解釋那兩個夢都指出有七個豐年，接著有七個荒年，這是神所命定的。法老王大喜，委任 Joseph 為宰相，賜他指環，請他管理全埃及事務，並把祭司的女兒許配給他。

不知不覺，Joseph 已經三十歲。法老的夢境一一成真。他在七個豐年廣積糧食，待荒年一到，全埃及都有足夠糧食。其他各地民族都紛紛進埃及購糧。由於迦南地缺糧，Jacob 命兒子去埃及買糧食，卻不讓後來出生的小兒子便雅憫（Benjamin，即 Joseph 的弟弟）同去。

哥哥到了埃及，Joseph 認出他們，哥哥卻不認得他。Joseph 故意說他們是奸細，並扣留一人在埃及。Joseph 吩咐其他人把糧食帶回去，並把最小的弟弟帶來對質，以證他們清白。這時候，兄長覺悟前非，明白當年陷害幼弟何等錯誤。Joseph 聽到後悄悄落淚。回程途中，兄長看到銀子仍在口袋，覺得奇怪，開始思考神的作為。

這段經文可以看到 Joseph 從神那裡得到能力，但他謙卑行事，不炫耀自己。他向人說是神賜他能力，故神亦大大祝福他。Joseph 不立刻與哥哥相認，是希望他們能反省自己的罪，向神懺悔。老師亦指出，從文學角度，這個故事情節曲折，角色經歷多番考驗。

> **思考意象**：例如「酒政與膳長的夢」、「法老的母牛和穗子的夢」都暗示神的作為和 Joseph 有神所賜的解夢能力；「法老的指環」，寓意 Joseph 得到富貴和權力，但此乃出於神。

第五組：Joseph 的故事（三）：親人相認（《創世記》，43–46 章）

飢荒持續，Jacob 不得不再打發兒子往埃及買糧。本來他害怕失去小兒子 Benjamin，誓死不讓他同去。但哥哥猶大（Judah）保證寧願犧牲自己，也要讓弟弟平安回來。到了埃及，Joseph 看見小弟，一時感觸，背地拭淚。他與兄弟一同進餐。後來兄弟離去，卻發現袋內滿是糧食。不久，Joseph 的家僕追趕而至，指他們偷了主人 Joseph 的酒杯，並「真的」在 Benjamin 袋子裡搜出來。兄弟戰戰兢兢伏在 Joseph 面前；Judah 懇求他讓自己代替 Benjamin 留在埃及為奴。此

時，Joseph知道哥哥真心悔改，就與他們相認，且放聲大哭。兄長十分驚愕，但Joseph說他被賣至埃及是出於神的心意：神差遣他先來，為要保存生命（創45: 5），「差我到這裡來的不是你們，乃是神」（創45: 8）。此乃Joseph故事的主題所在。

事情傳至法老王那裡，他為Joseph高興，並賜地給他們整個家族。於是，Jacob帶領家族到埃及，與兒子Joseph相認，並定居於歌珊地。

Joseph是個有情有義的人。連同上次，他為深厚的兄弟之情，一共哭了三次。他不立刻相認，反而兩次試探哥哥，是希望他們能夠真心反省。後來Joseph知道哥哥已經改變，他們不單後悔當年所作的壞事，更變得愛護小弟，Joseph就與哥哥和好。同時，他也明白自己崎嶇的經歷，或順或逆，都是出於神的安排。他謙卑順服，因此得榮耀。Joseph與Noah一樣，成為神所稱許的義人。

> **思考意象**：例如「酒杯」代表Joseph對哥哥的試煉；「Benjamin」就像Joseph的影子，取代他原來小弟弟的位置。但不同的是，哥哥沒有排斥他，反而因後悔以前所做的，而憐憫這個小弟；「歌珊地」代表神對Jacob一家的恩典。

第六組：受苦的僕人（《以賽亞書》，52–53章）

以賽亞（Isaiah）是公元前8世紀的先知，他預言給外族巴比倫人擄走的以色列人，將重回自己的國土。神一定會救贖他們返回以色列的錫安山（Mount Zion）。以色列人將再獲尊榮，為得拯救而歡呼，但他們必須順服神及潔淨自己。

先知又預言一個受苦的僕人。最初這人地位低微，外貌憔悴。他飽經痛苦憂患，遭人藐視。他受欺壓時也不開口，如綿羊般，無聲讓人剪毛，但「因他受的刑罰，我們得平安；因他受的鞭傷，我們得醫治」（賽53: 5）。神以這僕人為贖罪的獻祭；世人因他而能洗淨罪惡。最後這僕人的地位給高舉，與神同得榮耀。

這神秘的預言所指的是誰？預言也有不少奧秘：為何無罪的會受罰？為何受苦的會升高？先知Isaiah其實在這裡預告救主彌賽亞（Messiah）的降臨。之前舊約出現的《聖經》英雄人物，如Joseph、Noah、約伯（Job）、摩西（Moses），都是自潔、忠於神，但他們不能替人贖罪，惟獨義僕彌賽亞能夠。

教學上，老師要提醒同學，這個預言回應第一組同學所說伊甸園的遺恨。以色列民族被擄，就如人被罪惡擄走一樣，與神隔絕。但神是愛，無論要付上甚麼代價，祂都執意拯救人。這代價就是神的兒子降世為人，體會人的痛苦，

最後釘死在十字架上，然後從死裡復活。人因信而得到救贖，罪得赦免，回歸神的國度。

> **思考意象**：如「錫安山」代表神的國度；「羔羊」指受欺壓、謙和的僕人；「義僕」是使人稱義的僕人，即無罪的人能夠替人贖罪，洗淨罪污，使其得以無罪。

新約

第七組：基督降生（《路加福音》，2章；《馬太福音》，2章）

這組同學開始研讀新約。約瑟（Joseph）和懷孕的妻子馬利亞（Mary）到伯利恆城，由於客店已滿，Mary 在客店的馬槽生子，取名為耶穌。天上的使者向牧羊人報信說，救主基督已經降生。牧羊人就到伯利恆城，去看那個嬰兒。另有不同的人得到聖靈啟示，傳開這救恩的消息。Mary 則反覆思量所經歷的這一切奇事。

幾個來自東方的博士，看到星，知道代表猶太王的人誕生，特來朝拜。希律王（King Herod）命令他們把嬰兒的所在地告訴他。博士帶來名貴的黃金、乳香、沒藥獻給嬰兒。後來他們在神的指示下，沒回去見希律王，反而從別的路返國。希律王得不到消息，一怒之下就下令殺掉伯利恆城兩歲以下的嬰兒。Joseph 和 Mary 在夢中得到神的啟示，連夜趕往埃及，避過了這場禍患。

耶穌漸漸長大。他十二歲時，已經滿有智慧，在聖殿中和有學問的教師對談道理。他的父母看見後覺得驚訝。「耶穌的智慧和身量，並神和人喜愛他的心，都一齊增長」（路 2: 52）。

從這段經文可見，基督在最卑微的地方降生，成長於貧窮的木匠家庭。但先知 Isaiah 說，這受苦的僕人將來要升為至高。天使宣告平安的信息，不只給少數人，也給地上所有歸向神的人。《路加福音》記載基督降生的經過較《馬太福音》詳盡，但後者提到那幾個博士，他們帶來名貴的禮物獻給至高者。另外，《馬太福音》又記載當地統治者希律王的殘暴，他為免將來有人稱王影響他家族的政權，就先下手為強，下令殺害所有兩歲以下的嬰孩。

> **思考意象**：如「馬槽」代表耶穌降生的謙卑，他要體會、承擔不幸者的苦楚；「天使的信息」表示在至高之處榮耀歸與神，在地上平安歸與他所喜悅的人（路 2: 14）；「星」代表神的引領。

第八組：耶穌傳道與治病（《馬太福音》，6章、7章、8章1–12節）

　　耶穌基督在加利利傳福音，並醫治百姓各樣的疾病。許多人跟著他，聽他講天國的道理。耶穌提醒人不要炫耀善行或故意公開禱告，讓人知道自己的敬虔；反而他暗地裡做的，神會知道。耶穌教他們主禱文（太6: 9–13）。世人愛財寶，但耶穌說一個人不能同時事奉神和金錢。與其在地上積聚財富，不如在天上積聚財寶，因為財寶在天上才不會朽壞。不要為日常的事憂慮，天父都知道。人只要先求祂的國和祂的義，神就供給一切信靠祂的人。

　　耶穌告訴大家不要論斷別人，而是愛人。凡我們叩門祈求，神必聽見，為人開門。但天國的門是狹窄的，要經歷很多考驗才能找到。找尋真道的人也要防備假先知，他們所傳的道都結不出果子。如果聽見真道而去行，就好比房子建立在磐石上，根基穩固；如果不去行，就如建立在沙土上，信仰容易倒下。

　　及後有長痲瘋的人求耶穌醫治，耶穌伸手撫摸他，他就潔淨了。又有帶兵的百夫長，他懇求耶穌醫治他那個癱瘓的僕人，但他不敢要耶穌到他家。耶穌稱讚百夫長大有信心，叫他回去，並告訴百夫長，他的僕人已經痊癒了。

　　這段經文的上一章是著名的基督教精髓——登山寶訓。在這段經文，耶穌提醒眾人，真正遵守主道的人發自內心，而不是像猶太權威教士法利賽人（The Pharisees）般，只著眼當眾所作的善行和外表的敬虔。耶穌看重人的真心，並提醒人要忠心和有信心。對主忠心，自然輕看世上的金錢名利，也深信只要誠心誠意祈求，神必垂聽。耶穌在世傳道、治病三年，他有神所給予的權能，也有勝過死亡的能力，因此信靠耶穌的人就得救。姜台芬指出，猶太人恪守舊約法典，但律法漸漸變得像教條；耶穌以身教言教，重新詮釋律法，指出其真正意義（頁71）。就是這樣，耶穌惹惱了當地傳統教士，種下遇害的伏線。

> **思考意象：** 如「人只有看到別人的刺，卻看不到自己眼中的樑木」指專挑剔別人的小錯，而看不到自己的大錯；「窄門」指不易進入天國的門，要敬虔跟隨主道，才能進天國；「建在磐石的房子」就好比堅固的信仰，能坐言起行。

第九組：受難與復活（《馬太福音》，26–28章）

　　耶穌告訴門徒，人子不久要釘在十架上，門徒仍不大明白。後來耶穌與門徒一起吃逾越節（Passover）晚餐，並說有人會出賣他。耶穌拿起餅和酒祝福說，這是他為人所捨的身體，還有為人所流的鮮血，然後就分給門徒。及後，耶穌

往客西馬尼園禱告。這時，許多人拿著刀槍要捉拿他。門徒猶大（Judah）收了錢，使那些人認出耶穌。他們把耶穌帶到大祭司處受審，耶穌不發一言。審訊的人拳打腳踢，侮辱耶穌。門徒彼得（Peter）在院外等候，因害怕被捕，三次不認主，事後十分痛悔。

猶大後悔出賣耶穌，吊頸自殺。祭司長把耶穌交給羅馬總督彼拉多（Pilate）。總督認為耶穌無罪，就告訴猶太人，他可以釋放一個人。但猶太人寧願釋放強盜，也要置耶穌於死地，於是彼拉多在眾人面前洗手，說流義人的血罪不在他，猶太人自己要承擔後果。於是，耶穌被釘死在十字架上。他斷氣那一刻，聖殿的帳幕從上而下裂開，地也震動。眾人把耶穌的屍體放在墳墓洞穴裡，用大石堵住門口，門外亦有兵丁把守。

第三天，大地震動。主的使者把石頭挪開，看守的人驚怕不已。天使告訴跟隨主的人，主已經復活，又叫他們往加利利去。途中他們遇到耶穌，耶穌就祝願他們平安。那十一個門徒到達加利利山上，果然見到耶穌。耶穌賜權柄給他們，叫他們到各地傳福音。

這段經文記述耶穌受審、受難、復活的經過，一一應驗舊約所說的情況。姜台芬指出，新約不僅強調救贖、永生盼望等觀念，事實上更確言救世主耶穌已經來到，歷史的終點不僅從開始就不會是落空的期待，更是已到眼前的確鑿史實（頁69）。整部《聖經》，由舊約到新約，說出神創世和人類的歷史，讓人看到人犯罪的後果和救贖的依據。這信念一方面令西方人明白人潛在的罪性，故常具戒慎恐懼意識，另一方面亦追求獲得天國喜樂的途徑。

從文學角度來看，這段經文除豐富地描寫人性，也展現神聖的救贖。猶太祭司基於嫉妒，怕耶穌會動搖他們所控制的猶太傳統信仰，故陷害耶穌；門徒猶大因貪財而出賣耶穌，彼得也因怯懦而不敢認主。最後彼拉多因為不願意得罪猶太群眾和教士而逃避公正的裁決。他洗手以示清白，實際卻逃不了責任。這些事情都反映人性的軟弱與醜惡，但這些亦在神的計劃裡，讓祂的救贖計劃得以成就。耶穌受盡身心靈痛楚；他斷氣的一刻，痛苦到極點，因為要與天父分離。但惟有付上如此代價，人的罪才得以赦免。耶穌基督復活這個大奇蹟，給人帶來永生的希望。耶穌吩咐跟隨祂的人，要至死忠心，完成傳揚福音這個大使命。

思考意象：如「十字架」既代表死亡、羞辱，但更是贖罪與榮耀；「酒和餅」象徵基督的身體和鮮血，為世人贖罪；「空墳」象徵耶穌復活，戰勝死亡，使人得永生。

教學過程中，老師可透過繪畫教學，例如介紹名畫和教堂內的彩繪裝飾、叫學生畫出故事意象，希望加深學生對文本的理解。Corrigan 指出，這個方法是以藝術回應文本；繪畫過程比技巧和結果重要，因為學生在課程中有沉思和轉化，他會不斷閱讀作品和更留心細節 (a recursive and reflective reading practice)，然後參與創造作品含義。同時，繪畫也與意象教學互相配合 (頁 170–72)。另有研究指出，視覺藝術能夠提高學生的學習動機、創意和思考能力 (Jordan and DiCicco，頁 27–28)。這是對繪畫教學成效有力的支持。誠然，學生具不同才情氣性，有些透過圖像、有些透過文字寫作、有些透過肢體、有些透過角色代入，各以不同方式回應文本。教師需要具備這樣的意識，從而提供多樣媒介讓學生與作品有獨特的生命交流。

五、深入討論

1. 比較閱讀

何謂英雄？這是豐富的文學文化討論。本章的《聖經》人物，尤其是 Joseph，反映出基督教以神為中心的思想，即神是天地至大的力量，人要謙卑順從。在祂的能力和賜福下，人就活出榮耀神的生命。相反，下章「伊底帕斯王」所說的「悲劇英雄」，可以反映希臘文化以人為中心，強調人的力量，勇敢克服艱難。西方人敢於開拓、歌頌無畏的探索精神正源於此。這兩種典型角色，交織出西方兩大文化主流，和中國文化歌頌的英雄人物，截然不同。首先，中國文化強調整體社會秩序倫理，個人的自由意志並不彰顯 (張德勝，頁 82)。其次，他們的力量非來自任何神明，乃源於自身強烈的道德人格。中國的傑出人物，不論文臣、武將，如關羽、岳飛、文天祥等，往往充滿儒家精神的情懷；他們忠君愛國、持守仁義之道、正氣凜然，深受百姓敬重。

2.《聖經》與文學

《聖經》包羅各類文體，如記敘文、詩歌、書信、寓言 (parable)，甚至近似戲劇的體裁 (例：《約伯記》以對答為主)。有些章節像精彩的短篇小說，如舊約《路得記》、新約「浪子回頭」的故事 (路 15: 11–32)。漢孟德 (Gerald Hammond) 指出，《聖經》對西方文學產生各樣影響，如英國詩人密爾頓 (John Milton, 1608–1674) 的長詩《失樂園》(*Paradise Lost*) 就以《聖經》為題材、舊約《雅歌》和《詩篇》的豐富寓意也為許多作家帶來創作啟發。在西方傳統中，舊約先知是後來

痛苦、受傷藝術家的原型（頁50）。老師可介紹其他著名的《聖經》故事，如大衛（David）與巨人、大衛與拔示巴（Bathsheba）、但以理（Daniel）與獅子等篇章，以鞏固本章的教學目標。

3. 中世紀文學

基督教始於中東地區的猶太民族，然後經門徒傳福音，慢慢向外擴散；這個宗教初期受羅馬帝國迫害，但經過三、四百年的奮鬥，在公元392年定為國教。其後歐洲踏入一千年以《聖經》為主導的中古時期，稱為「中世紀」。這時期科學、教育成就斐然，對文藝復興的發展有莫大的貢獻。中世紀文學大抵分為三類（鄭克魯，頁50–56）：

i. 宗教文學，旨在闡揚基督道理，如聖奧古斯丁《懺悔錄》（*Confessions*）、但丁《神曲》（*The Divine Comedy*）；

ii. 騎士文學，主角秉持基督徒操守，弘揚騎士精神，如亞瑟王傳奇（The legend of King Arthur）。老師可以選取一些圓桌武士的故事，介紹給學生閱讀，並指出這些故事與基督教教義的關係；

iii. 世俗文學，這些故事如浮世繪般，反映各階層人物的生活面貌，如薄伽丘（Giovanni Boccaccio）《十日談》（*The Decameron*）、喬叟（Geoffrey Chaucer）《坎特伯雷故事》（*The Canterbury Tales*）。

六、總結

本章置於全書之首，因為《聖經》不論在文化思想、藝術內涵和寫作技巧等方面，都深深影響西方文學的發展。即使二十世紀出現反對基督教的哲學家和現代主義作家，讀者也要先弄清楚他們反對的對象是甚麼。

本章的教學讓學生嘗試了解基督教的核心：神的特性、人類歷史、基督教英雄人物、基督生平，從而掌握其價值觀，尤其是罪與罰、救贖與永生的觀念。此外，以文學角度來看，《聖經》也藉著不同手法，如故事情節變化、意象運用、有血有肉的人物描繪，生動表達出深刻道理。

本書其他章節提及的經典著述，有不少受《聖經》影響，如《凱撒》的人性善惡掙扎、《馬克白》所說的犯罪經歷及其代價、《簡愛》中女主角的成長心路。若能掌握基督教的概念，將有助華人讀者更準確閱讀，並深刻體會西方作品的內涵。教學過程中，學生如果多涉獵西方建築、音樂、繪畫、雕塑等領域，會更深入了解基督教與西方文化的關係。

七、推薦閱讀

《聖經》(中文聖經啟導本)。香港：海天書樓，1995。

《聖經》(和合本修訂版)。香港：香港聖經公會，2010。

《聖經》(現代中文譯本)。香港：聯合聖經公會，1997。

漢孟德 (Gerald Hammond)。〈藝術大法典〉，蘇茜譯。載於《西洋文學大教室：精讀經典》，彭鏡禧編。臺北：九歌，1999。頁33–58。

姜台芬。〈聖經與西方文化〉。載於《西洋文學大教室——精讀經典》。彭鏡禧編。臺北：九歌，1999。頁59–73。

張德勝。《儒家倫理與秩序情結：中國思想的社會學詮釋》。臺北：巨流，1989。

鄭克魯等編。《外國文學史》。北京：高等教育，2006。

莊雅棠。《書中之書：聖經的價值與影響》。臺北：圓神，2008。

King James Study Bible. Grand Rapids: Zondervan, 2002.

The New English Bible. Oxford: Oxford UP, 1970.

New International Version. Grand Rapids: Zondervan, 2011.

Bosca, Francesca (text) and Giuliano Ferri (illustrations). *Noah's Logbook* (《諾亞方舟》)。黃鈺瑜譯。臺北：格林文化，2016。〔繪本〕

Corrigan, Paul T. "Painting as a Reading Practice." *Pedagogy* 12.1 (2012): 168–75.

Harmon, William, and Hugh Holman. "Imagery." In *A Handbook to Literature*, 11th ed. Upper Saddle River: Prentice, 2009. 284–85.

Jordan, Robert M., and Michael DiCicco. "Seeing the Value: Why the Visual Arts Have a Place in the English Language." *Language Arts Journal of Michigan* 28 (2012): 27–33.

Lawall, Sarah, ed. *The Norton Anthology of World Masterpieces*. 7th ed. New York: Norton, 1999.

Peterson, Eugene H. *The Message: The Bible in Contemporary Language*. Colorado Springs: Nav-Press, 2017.

Spier, Peter. *Noah's Ark* (《挪亞方舟》)。漢聲雜誌社譯。臺北：漢聲，2003。〔繪本〕

第**2**章

《伊底帕斯王》(*Oedipus the King*)

西方古代希臘文學經典，非莎佛克里斯 (Sophocles, 496–406 BC) 的《伊底帕斯王》莫屬。這部希臘悲劇約於公元前429年在雅典公演，歷久不衰。亞里士多德 (Aristotle, 384–322 BC) 在《詩學》(*Poetics*) 中稱劇中主角為悲劇人物的範例 (Sachs，頁36)。此作不僅反映當時希臘的宗教和藝術，也奠定西方人文思想的理念。當中人與命運的深刻衝突令讀者反思如何面對生命的逆境。

此作涉及亂倫，或許在文化層面上對華人學生造成衝擊。傳統中國文學文化受儒家影響，重視五倫關係，並講求溫柔敦厚的情懷。一般而言，學生在中小學不會閱讀這類作品。故此，老師宜先說明古希臘人的宗教文化世界；他們認為人受神祇和命運操弄，無法逃避。然而，生命雖不能自主，但人還可以選擇如何面對，這正是《伊底帕斯王》的精華所在。

以多元系統立論，本章除中國文學、希臘文學外，還結連希臘宗教、文化、哲學、戲劇藝術等系統，希望學生可從不同角度思考苦難 (suffering) 的意義。

一、譯本

《伊底帕斯王》原著以希臘文寫成。本書採用胡耀恆、胡宗文原文直譯的中文版，且附有大量註釋，考證嚴謹。此外，譯文同時考慮人物的舞臺動作 (序，頁45) 和文化異同 (序，頁46)，十分細緻。

讀者也可參考同樣從原文直譯的呂健忠版，並注意「以詩譯詩」的節奏感 (頁3)。英譯本則可參考 Luci and Brunner 版及其註釋。

二、教學重點

　　內容上可分為四方面：(1) 希臘神話的寓意與命運觀；(2) 戲劇衝突；(3) 作品主題；(4) 悲劇英雄與西方人文精神。

　　藝術上可分為三方面：(1) 人物刻畫，尤其是作者用甚麼方法突出主角的性格；(2) 反諷；(3) 隱喻。

三、教學方法

1. 以神話教學引起學習動機。

　　這部經典分量十足，老師宜在教學之初以希臘神話故事來引起學生的學習動機，讓他們了解希臘人信奉奧林匹克山 (Mount Olympus) 諸神背後的哲理。希臘神話、史詩、戲劇乃西方文學文化的泉源，取之不盡，如普羅米修斯 (Prometheus) 為人類偷天火的無畏精神、奧狄西斯 (Odysseus) 歷險的種種考驗、穀物女神狄米特 (Demeter) 女兒被冥王擄走而令大地凋零四個月的故事。希臘神話中兩個最重要的神祇為太陽神阿波羅 (Apollo) 與酒神戴奧尼斯 (Dionysus)。他們可喻為兩種文藝思想與創作風格：理性與狂放。這些又何嘗不是萬象人生和善惡人性的投影？有興趣者，可參看 Hamilton 希臘神話權威著述。

2. 朗讀：學生朗讀重要片段，以聲音、情感代入角色的心境。

　　老師可藉朗讀活動，鼓勵學生更有趣味地去揣摩角色。老師把全班分為A、B兩組，每組各選七人出場。最後課堂結束時，看哪組表現較優秀，即是說較能透過朗讀掌握人物的性格和心境。McMahon 指出，同一片段可由兩個朗讀者的演出來比較 (comparative performance)，讓觀眾判斷哪個角色更神似 (頁148)。這比較很細緻，但耗時較多，學生也可能覺得內容重複，尤其部分同學朗讀較弱。故此，本書採用的方法是朗讀片段一次。觀眾仍可比較不同人在不同片段如何演繹伊底帕斯 (Oedipus)。以下嘗試舉例說明：

幕	A組	B組
1. 國王對受苦國民的回應 58–77行	Oedipus	–
2. 國王與先知辯論 343–379行	Teiresias	Oedipus
3. 國王與國舅衝突 558–582行、583–615行	Oedipus Creon	Creon –
4. 國王詢問柯林斯國 (Corinth) 的信使 1029–1050行	Messenger	Oedipus
國王與王后對答 1054–1072行	Oedipus	Jocasta
5. 國王詢問老僕人 1156–1185行	Oedipus	Shepherd
6. Oedipus 贖罪自白 1369–1415行	–	Oedipus
7. Oedipus 送別女兒 1478–1514行	–	Oedipus

3. 意象整合：讓學生了解意象和主題的關係。

4. 錄影片段觀賞：讓學生了解舞臺演出的效果。

5. 選擇與對談 (choice and dialogue)：讓學生對主題有深刻的思辯。

6. 比較閱讀 (comparative reading)：以相同或類近題材，凸顯不同文化重點。

四、教學過程

　　本書把原著分為六幕，並為各幕訂下標題。標題下方的方格則記載重點學習成果，以便說明。原文沒有像後來的戲劇般分「幕」(act) 和「場」(scene)，六個場景其實以歌隊 (chorus) 的唱歌分隔。

　　頭三幕的篇幅較多，佔全書五分之三；最後三幕推進較快。

第一幕：瘟疫

> 學生能夠：（1）了解 Oedipus 的為人處事。他的性格如何？他是好
> 國王嗎？（2）分析作者如何塑造這個人物。

開始時，老師通過答問說出基本情節，並以板書寫下關鍵詞。基本問題如下：底比斯（Thebes）人民如何稱讚國王 Oedipus？他們求國王甚麼？

學生朗讀第一幕（58–77 行），從這段可以看到國王對民眾的反應如何？他是竭盡所能，立即行動。老師繼續追問，瘟疫的原因是甚麼？學生要清楚說出來龍去脈。接著，老師詢問 Oedipus 和國舅克瑞昂（Creon）的處理手法有何不同？前者光明磊落，無事不可袒露於國民面前；後者政治手腕老練，避免輕易公開敏感的事。最後，Oedipus 如何回應阿波羅神諭？他發誓要消除污染的源頭。因此，不論從客觀讚美、與他人比較、主觀言行，都可見國王 Oedipus 是才德兼備的人。

第二幕：爭辯

> 學生能夠：（1）更深刻建構角色，指出人物的優缺點；（2）探討藝術
> 反諷與隱喻的手法；（3）掌握戲劇衝突。

Oedipus 誓言追查殺老國王的凶手，以解除國家瘟疫的災難。他一直以為自己是局外人，義正辭嚴指斥凶手的邪惡。他是否如自己所說，是「陌生人」（第220 行）？他對凶手有甚麼詛咒（244–250 行）？後來這些懲罰一一應驗在他身上。觀眾心中雪亮，他卻毫不知情。舞臺上的角色感覺良好，對事件的感受與觀眾截然不同。這種說出不符事實的話，被稱為「戲劇反諷」（dramatic irony）；而諷刺點在於角色與別人觀感的差距（Harmon and Holman，頁 158）。

接著，是國王與盲眼先知泰瑞西斯（Teiresias）之間的著名辯論。這是人與人的衝突，更深刻來說，是人（Oedipus）與命運（先知代表神意）的衝突。藉兩位同學的朗讀，演繹二人對答的張力：國王怎樣由禮賢下士，到大惑不解、與先知吵架，甚至最後趕走先知。同學可選讀其中相關的片段（343–379 行）。老師在課堂上播出 8 分鐘的 DVD 片段（BBC 電視版），以鞏固同學對這一幕的了解。

全班分為五組，分別討論以下其中一條問題：

1. 國王與先知的關係有甚麼轉變？為甚麼？
2. 先知說國王「懵懵懂懂」（心盲），國王說先知眼盲。這樣的隱喻有何意思？
3. 從這場辯論，你認為Oedipus有何性格特質？
4. 從這場辯論，你認為先知有何性格特質？
5. 在DVD片段中，所有演員都穿上古裝的黑衣服，惟獨國王穿上現代的白西裝。你認為這樣的服裝搭配是否突兀？這樣的設計有何用意？

老師在此整理二人的關係。政治上，國王是至高者；宗教上，先知是權威者，因為他知道天神的意思。二人本來互相尊重，但一見面，先知就不聽從國王（其實他出於愛護Oedipus之心），並勸國王不要繼續追問。國王當然生氣，也不肯罷手。這是本戲劇的第一次衝突。Oedipus有才識，卻不知道有些事情是智慧不能駕馭的，那就是「命運」。

後來，先知被激怒而說出真相，指出國王就是殺人凶手。他忠於自己的職分，不怕冒犯國王。Oedipus不單憤怒，更遷怒於國舅Creon身上，認為他串謀先知有所圖謀。Oedipus對國舅的指控合理嗎？這幕很立體地看到國王衝動、容易發怒的缺點，但這也正是他的優點——愛民心切，甚至不怕得罪先知。他不理解為何先知在國家危急之際還吞吞吐吐，更「誣告」帶領尋凶的自己。

至於舞臺服飾的問題，學生可持不同意見，如凸顯主角身分、白色象徵主角的高貴人格、Oedipus這個角色同樣具有現代意義，令今天的讀者有所共鳴和反思。

第三幕：凶案

> 學生能夠：（1）掌握情節的推進，由國家大事演變為政權陰謀，甚至個人身世之謎；（2）藉Creon的人物塑造，凸顯國王的性格。

這是本戲劇的第二次衝突。學生朗讀國王與國舅對立的場面，藉此表達這兩個人的性格。首先，Oedipus指斥Creon的陰謀確有根據：當年凶案發生後，為何先知一言不發，現在反而指責自己是凶手？故先知有可能與Creon串謀奪權。國王自以為合理，不斷加強這個想法（參看558–582行）。

接著，Creon如何反應？老師請同學朗讀583至615行，再詢問大家怎樣看Creon這個人。一方面，Creon做事謹慎，可說沒有野心。另一方面，他的副手

哲學就是不求有功，但求無過。換言之，Creon不願意承擔更大的責任。這樣更襯托出Oedipus那種無畏的責任感。

王后出場掀起另一波瀾。先知對天神敬畏無比，王后卻說神諭不可靠，然後娓娓道出他和前夫雷俄斯（Laius）國王（710–725行）的事情。當年他們聽到神諭，知道自己的孩子會弑父時，兩人就先下手為強，丟掉孩子。孩子在荒山裡應該不能活命。後來雷俄斯遇害，在三岔路口被一群強盜殺死，這些事都與神諭不符。因此王后勸夫君Oedipus不要為先知所說的話過於煩惱，更不要和Creon傷和氣。

這裡，老師請學生做一個小結：Oedipus的心裡哪方面開始感到不安？又有哪一點令他抱有一絲希望？他也曾在三岔路口殺人，但逃脫的僕人報告前國王雷俄斯被一群強盜殺死，而非一個人。

第四幕：身世

> 學生能夠掌握：（1）第三次戲劇衝突的人物心態。Oedipus的反應更加強這個角色偏執的缺點；（2）同時也是他堅持尋找真相的優點。

3. 踏入戲劇的下半場，情節已經由瘟疫災難轉為國王身世之謎。這幕剛開始，就有柯林斯國（Corinth）的使者從Oedipus的故鄉而來，傳達Oedipus父親的死訊。國王詢問柯林斯國（Corinth）的信使，老師請學生朗讀1029–1050行。這一刻，Oedipus放下心頭大石。當年他為逃避弑父這個神諭，就逃離柯國，現在父親既然生病而死，他就不是殺父兇手了。於是，他再次認定神諭不可靠。

誰知接下來的發展卻出人意表。使者說死去的國王並非Oedipus的親生父親，他有甚麼證據？在這時候，誰最心驚肉跳？

跟著是國王、王后的衝突場面。老師請學生朗讀1054至1072行。這時王后已經知道真相，明白當年丟在荒山的孩子未死。因此她極力勸阻國王繼續追查下去。老師提問：

Oedipus有何反應？他對王后產生甚麼誤解？你認為國王的性格如何？

與之前的先知一樣，王后出於愛護Oedipus而勸諫他，但Oedipus不聽，堅持追查下去，並冤枉王后，認為王后害怕他被揭穿出身低微。這裡再次反映Oedipus的誤判。

雖然歌隊認為 Oedipus 出身富貴，為他打氣，但這只是悲劇大爆發前的最後安慰而已。戲劇至此已到極為諷刺的地步，除了主角，所有人，包括觀眾都已經知道真相。主角還蒙在鼓裡，一往無悔追查真相。

第五幕：真相

學生能夠掌握：（1）第四次戲劇衝突的人物心態；（2）戲劇節奏緊密配合情節和感情的變化；（3）希臘文化信仰中，命運的主宰能力。

國王堅持傳召底比斯國一方的證人。王后傷心欲絕，掩面離去。兩名學生分別飾演 Oedipus 和當年宮中的老僕人，朗讀 1156 至 1185 行。老僕人看到柯國使者後，假裝不認識他，又對國王的盤問支吾其詞。為甚麼他寧可激怒國王，也不願說出真相？在這個戲劇衝突，他哀求國王不要繼續追問（老僕人和先知、王后一樣，都出於愛護 Oedipus 的好意）。但 Oedipus 仍苦苦追逼，甚至威脅用刑。

老僕人說出 Oedipus 就是從雷俄斯家抱出來的孩子後，一切真相大白。Oedipus 有何反應？他清楚自己所娶的王后，就是當年拋棄自己的母親。同時，他也是在三岔路口殺死雷俄斯國王的人。老僕人故意掩人耳目，說一夥人，目的是避禍，因為他看到新國王就是殺人兇手。

同學朗讀時，聽眾會感到他們的對話很短促，像你來我往地交鋒。這種「折行對白」(antilabe) 是配合怎樣的戲劇氣氛呢？呂健忠指出，上一個演員說完，下一個演員立即接下去，如此構成完整詩行（頁 4、90、140）。節奏如此緊湊是因為情節已經接近真相。

最後，歌隊慨歎人生虛空，逃不過命運之手。那麼，「命運」(fate) 是甚麼？「命運」是強大和神秘的力量，連眾神之王宙斯 (Zeus) 也無法控制 (Hamilton，頁 27)。這正是當時希臘人的宗教信仰：人不可蔑視神靈的力量，自以為是；人無論如何也不能逃脫命運的安排。柳存仁指出，「神諭昭示人的命運，人愈是掙扎，愈是陷入羅網，是一個無可避免的悲局」（頁 60）。與此相關的是罪與罰問題；不論命定或自決，人若犯下罪惡，必遭報應，甚至禍延子孫。這就是規範當時希臘人道德行為的宗教信仰。

第六幕：罪責

> 學生能夠：(1)掌握主角對罪行承擔的勇氣，以及瞎眼的隱喻；
> (2)體會 Oedipus 對女兒的深情。

真相揭盅後，國王、王后身上發生甚麼慘劇？請注意，希臘悲劇不會在幕前出現血腥場面。王后自殺和國王自毀雙目的悲劇，是由僕人說出來的。你會怎樣形容這場悲劇？正是慘絕人寰。

既然是命運安排，人所做的十分有限，那麼，為何王后要尋死，而國王要自毀雙目？最大的原因是，他們雖不自知，但的確犯下彌天大罪，羞愧得無法活在世上面對任何人。

同學朗讀 Oedipus 的贖罪自白（1369–1415 行），觀眾可閉上眼睛聆聽。這裡，老師可提出一個關鍵問題：

為甚麼國王不追隨王后自戕而寧毀雙目？他死去不是更痛快嗎？

瞎眼的象徵意義是，將來在冥府無面目見父母、子女，也不能正視自己。更重要的是，Oedipus 要承擔一切責任，「我的厄運只有我自己能夠擔當」（1415 行），世人可以懲罰他。他要自我放逐，以餘生贖回一切罪過。

Oedipus 離開國家前，先告別女兒。學生朗讀這段落（1478–1514 行），然後學生二人一組，討論後回答以下問題：

Oedipus 要表達甚麼心意？你怎樣看這個父親？

Oedipus 向女兒坦承自己的罪孽，為女兒一生痛苦而悲傷。他懇求新國王 Creon 照顧女兒，也求神靈庇佑她們。這裡可見 Oedipus 的父愛之深。

在總結階段，老師不妨開放課堂，與學生暢所欲言，讓學生就以下問題彼此分享：

同學會怎樣形容這個希臘悲劇？閱讀後的心情如何？

經歷這樣震撼的故事，學生定必內心澎湃，有很多想法要說出來，也希望聆聽別人的看法。這些思想衝擊令學生更多反思人生，並醞釀寫論文的靈感。課堂最後的功課非突如其來，而是藉整個學習過程慢慢孕育出來的。

五、深入討論

1. 選擇與對談

這個悲劇背後帶來值得深思的問題：

由開場至結尾，你認為 Oedipus 的景況是變得更好？還是更壞？

老師把學生分成兩方，學生可按個人意願選擇其中一方。然後雙方互相對答，一方說完，另一方可回應或提出新的論點。「選擇與對談」活動目的是讓學生深刻思考，然後總結對全劇主題的看法。

首先是「認為更壞」的一方。Oedipus 出場時是個健康的國王，深受國民愛戴。同時，他也是好丈夫、好父親。他快樂且有成就；結尾時，他是瞎眼的乞丐，受國民唾棄。另外，他也是弒父娶母的罪人，內心痛苦羞愧。最後，他更要與摯愛的女兒分離，自我放逐到偏遠之地。的確，Oedipus 的生活、身體、地位都走向衰敗，而且不單自己受影響，連家人也受到牽連：妻子死去、兒女終生蒙羞，整個家庭都毀掉。此外，國家還失去了如他那樣賢能的國君，其繼承者有他這樣的仁德和才幹嗎？新國王又會怎樣懲處這個無權無勢的罪人？由此可見，Oedipus 整個人生和處境是走向更壞的。

「認為更好」的一方則站在人生更寬廣的角度看 Oedipus 的變化。上述所說的「壞」，竟與人生的「好」弔詭並存。胡耀恆指出：「他最卑賤的時候，也正是他道德情操最高貴的時候。」（序，頁 28）Oedipus 的確一無所有，但他拯救了國家，免百姓受瘟疫之害，達成了他這位愛民賢君努力不懈的目標。此外，他之前雖然快樂，但無知；他或許是治國之才，卻缺乏人生智慧。正如 McMahon 指出，現在 Oedipus 雖然悲苦，但知道了事件真相（頁 148）。他不再陷在罪惡中，懂得向神明謙卑。他瞎眼正有這象徵意義，Oedipus 不像第二幕中那樣自以為眼睛雪亮、智慧非凡，拒聽先知之言。如今他不但承認自己無知，也勇敢承擔罪責，活得光明磊落。整體而言，他的生命是昇華了，因此可說是變得更好。

「悲劇英雄」（tragic hero）的定義

命運雖然令人生充滿災禍橫逆，但希臘悲劇英雄不被擊倒，反勇往直前。雖然過程中顯示了英雄的缺點，如 Oedipus 偏執急躁、過於相信自己的能力而不斷誤判，但整體來說，Oedipus 的性格不失正直、無畏。他的「缺點」（tragic flaw）某方面也反映出他愛民深切。這個英雄能夠在重重困難中，以尊嚴和勇毅迎向挑戰，知

其不可為而為之。雖然他最終失敗，無法戰勝命運，但充滿英雄氣概，令人崇敬。阿里士多德認為觀眾感受到角色高貴的品格，像洗滌（catharsis）過程，使自己的生命也得以提升（Harmon and Holman，頁554）。因此，西方古典悲劇的最高境界不是讓觀眾哭著離去，而是在眼淚中看到人生的希望。

2. 意象與主題

優秀作品的意象（包括明喻、隱喻、象徵等修辭格）往往像有機的網絡，互相呼應，呈現出豐富的主題。例如主角 Oedipus 的名字在戲劇的上半部充滿反諷意味，而後半部卻十分悲壯。Oedipus 這名稱有「腫腳」（swollen foot）之意（McMahon，頁150），源於他出生時，被父母捆住腳踝，使他受傷、受困，任他在荒野中死去。但「Oedipus」接近希臘文「*oida*」（意謂「我知道」）的聲調（McMahon，頁150）。Oedipus 才智過人，卻一直不知道自己是被命運作弄的受害者，最後他以一生的代價換取真相，「我知道」。

以下是本戲劇意象的一些例子：

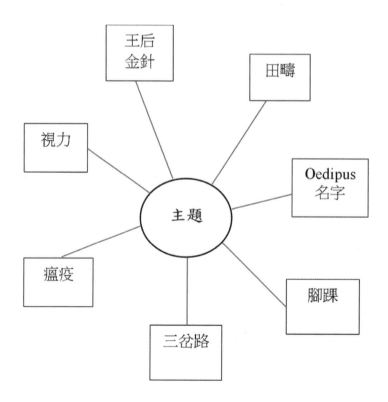

這些意象都離不開人事與命運之間的弔詭關係，像「三岔路」既象徵 Oedipus 可以選擇怎樣處理與馬車乘客的爭執，也表示他對弒父的命運安排是身不由己的。另外，「瘟疫」象徵罪污。Oedipus 發誓找出凶手以解救百姓的苦難，但諷刺的是他就是罪惡之源。學生可分組討論這些意象或發掘書中其他意象之義。

3. 文學文化比較

老師可以把代表希臘人本主義的悲劇英雄 Oedipus 與上一章《聖經》以神為中心的基督教代表人物約瑟 (Joseph) 比較，加深學生認識西方兩大文化基石的核心。另一方面也可比較兩者對苦難的不同詮釋，有興趣者可翻閱舊約《約伯記》。約伯以自身經歷，對神叩問苦難的意義。

至於其他相關書籍，如 Oedipus 女兒的《安蒂岡妮》(*Antigone*)、Oedipus 流亡國外的《伊底柏斯王在科羅納斯》(*Oedipus at Colonus*)，還有非洲的《眾神不應受責》(*The Gods Are Not to Blame*)。其實，中國現代戲劇《雷雨》(1933) 也受本劇影響，尤其是有關母子亂倫的情節，以及女主角繁漪反抗命運的勇氣。只是她反抗的不是神秘的命運，而是中國傳統男權社會加諸女性身上的不公平命運。故此，不同的比較閱讀能反映個別信仰、文化的特色。

六、總結

這部作品不論在題材和藝術手法方面，即亂倫、對真相執著、悲劇反諷等，或許給傳統華人讀者帶來頗大的衝擊和震撼。故此，老師要先把學生帶回二千五百年前的希臘社會，了解其文化背景。其次，還要確立以人物為中心的重點，多層次了解主角 Oedipus 的性格。透過四次衝突，學生掌握人物塑造和襯托手法，並凸顯角色對真相追求的執著。另外，老師還可鼓勵學生分析意象和主題的關係。

其實，本故事不在尋找凶手，而是思考命運和人生，因為觀眾早已在神話中知悉 Oedipus 的命運。Oedipus 整個追凶和追尋身世的過程，其實正是人面對命運的尋索之旅 (quest)。命運無常，可使人受盡磨難，但人仍有權利選擇，在過程中展現人性的美好和勇氣。何謂得、失、善、惡，都需要很多思辯。當然還有情感體會，才能對別人的痛苦展現真切關懷。故此，課堂中老師藉討論對談和情感朗讀，帶領學生一起經歷這場生命思辯和體會之旅。

七、推薦閱讀

胡耀恆、胡宗文譯。《伊底帕斯王》。臺北：桂冠，2004。

柳存仁。〈希臘悲劇中的人生觀〉。載於《西洋文學研究》。臺北：洪範，1981。頁49–101。

呂健忠譯。《索福克里斯全集I：伊底帕斯三部曲》。臺北：書林，2009。

Berkowitz, Luci and Theodore F. Brunner, trans. and eds. *Oedipus Tyrannus*. New York: Norton, 1970.

Hamilton, Edith, ed. *Mythology: Timeless Tales of Gods and Heroes*. Boston: Little Brown, 1942.〔此書乃了解希臘神話故事的權威讀物〕

Harmon, William and Hugh Holman. *A Handbook to Literature*. Upper Saddle River: Prentice, 2009.

McMahon, Robert. *Thinking about Literature: New Ideas for High School Teachers*. Portsmouth: Heinemann, 2002.

Rotimi, Ola. *The Gods Are Not to Blame*. 1971. New York: Oxford UP, 2000.〔非洲獲獎劇本，故事以《伊底帕斯王》為藍本，但情節改為順序，而且充滿非洲文化色彩，例如當地的音樂、草藥。〕

Sachs, Joe, trans. *Poetics*. By Aristotle. Newburyport: Focus Publishing/R. Pullins Company, 2006.

Sophocles. *Oedipus the King* [video-recording], a BBC television production, 1984.〔著名演員 Michael Pennington 飾演 Oedipus; Sir John Gielgud 飾演 Teiresias〕

第 3 章

《米蒂亞》(*Medea*)

本書推介另一個深受學生喜愛的希臘悲劇《米蒂亞》。這部戲劇於公元前431年上演，其作者尤里庇底斯 (Euripides, 485–406 BC) 是最具現代感的希臘悲劇家，他挑戰自己身處時代的信仰和社會性別問題，至今仍擲地有聲；Euripides筆下人物亦非高貴不凡的英雄，而是愛恨交纏的男女，如同你我一樣，令現代觀眾產生共鳴。

以多元系統立論，本章除中國文學、希臘文學外，還結連希臘文化社會、戲劇藝術等系統，期望學生能藉此故事，從情、理、法多方思考古今社會類似悲劇。

一、譯本

本書採用曾珍珍從英文版翻譯過來的《米蒂亞》版本。這版本文句通順，但有兩點可以改善：(1) 米蒂亞 (Medea) 說：「為甚麼不也在男人的身上刻下印記。」(頁193) 但原文指一般人，非特指男性；(2) 信差說：「我們這些對你愚昧感到難過的僕人。」(頁218) 原文是僕人同情Medea的痛苦之意，故應刪除「愚昧」二字。

本書同時參考羅念生從希臘文直譯的《美狄亞》版本。英譯本則可參考David Kovacs版，其譯法接近散文風格。

二、教學重點

　　內容上，學生要掌握Medea角色的絕境和復仇的原因，且就作品的主題提出自己的看法。

　　藝術上，學生要掌握人物心理描寫、戲劇衝突、情節結構的變化。

三、教學方法

1. 朗讀關鍵的片段。
2. 戲劇教學手法：如提問角色（hot-seating）、獨白（monologue）、意見團（advisory panel）、辯論（debate）。
3. 錄影片段賞析：課堂選取第二幕Medea與國王對答的片段（Cullingham導演，1983）。飾演Medea的演員是Zoe Caldwell，曾四次榮獲話劇界最高榮譽的「東尼獎」；她所飾演的Medea角色深入人心。此外，老師又可播放由吳興國改編《米蒂亞》而成的新派京劇《樓蘭女》（2008）的片段，藉此帶出跨文化劇場的討論。
4. 神話故事閱讀：學生必須在課前先閱讀神話故事「傑森與金羊毛」（Jason and the Golden Fleece）。課堂開始時，老師向學生提問這故事的重點。

　　傑森（Jason）要得到金羊毛才能取回王位。雖然他和亞哥號（Argo）船上的人都英勇無比，但若沒有Medea幫助，他們都不能完成任務。天后赫拉（Hera）幫助Jason，令Jason與Medea相愛。Medea背叛父親，暗中以妖術令Jason制服噴火的公牛和看守金羊毛的大蛇。為了與Jason私奔，Medea更殺死追趕而至的兄長。及後Jason帶金羊毛返回希臘，以為篡位的叔父庇力爾斯（Pelias）會遵守諾言讓位，誰知Pelias不但反口，更殺死Jason的父親，而Jason的母親亦含恨而死。Jason於是再向Medea求助，Medea用計殺死Pelias，為Jason報仇。故事詳情，可參考Hamilton的神話著述（1942，頁117–30）。

四、教學過程

　　原著並無分幕，但本書把此劇分為八幕，以便教學。每一幕，老師都在臺前擺放兩張椅子。每次Medea都會出場。老師邀請學生朗讀關鍵片段。每一幕的標題都有助學生掌握重點，卻不會一開始就點明故事發展的方向；老師希望學生能自行掌握每一幕的要旨。

第一幕：情變（頁 175–84）

學生能夠：（1）掌握 Medea 的性格；（2）了解棄婦的悲傷痛苦之情。

首先，老師帶出 Medea 和 Jason 這個家庭的變化：這對伴侶已有兩個孩子，但最近因為 Jason 想娶公主而遺棄 Medea。Medea 知道後整天以淚洗面。老師邀請兩個學生朗讀 Medea 和乳娘、歌隊的片段（頁 179–80），然後向學生提問：

根據 Medea 本人和別人的評論，Medea 的性格如何？

角色初登場給人的印象至為關鍵，學生要解釋何以他們認為 Medea 性格剛烈、高傲、狂野、感情激烈。

分析 Medea 的性格後，學生就要掌握 Medea 的心境，尤其是她的悲傷、憤恨、後悔、痛苦之情。Medea 給丈夫 Jason 遺棄固然不幸，但她還有另一方面的不幸：Medea 是流亡者、異鄉人。她是天地無家、孤絕的靈魂。

因此，她呼求天神宙斯（Zeus）、正義女神席密絲（Themis）、女性保護神蒂米絲（Artemis）的幫助，要他們秉持正義：看看這個無助的婦女，受了何等大的冤屈。這一幕的潛臺詞正是說：諸神，你們在哪裡？你們能主持公道嗎？

此幕反映出希臘文化的三個特點：（1）乳娘看到這場家庭悲劇，她慨歎「平凡才是福，行止中庸對人人都有好處」（頁 180）。換言之，希臘人不主張極端思想行為，中庸（The Golden Mean）才是幸福之道；（2）他們認為人生順逆，背後都有神祇操作，故 Medea 在苦楚中尋求神的幫助；（3）Medea 訴說自己的不幸，其中加插一段婦女在當時社會的情況，「所有具備判斷能力的生物中，算我們女人最不幸……我倒寧可上前線打三場仗，也不願懷胎一次」（頁 183–84）。可見古希臘社會中，男性與女性的地位是不平等的。

第二幕：驅逐（頁 185–90）

學生能夠掌握：（1）Medea 報復思想的成因；（2）她如何逐步陷入絕境。

今次出場的是 Medea 與柯林斯國王克里昂（Kreon）二人，由兩位同學朗讀片段（頁 185–86）。克里昂恐怕 Medea 會傷害人，因此吩咐她立刻離開國土。但在 Medea 懇求下，國王無奈准許她多留一天。

這裡，同學可以回答兩個問題：

1. 國王口中的 Medea 性格如何？
2. 國王説 Medea 狡猾、狠毒的原因何在？

國王離開後，Medea 自覺計劃得逞，就決心殺死國王、公主、Jason。今次 Medea 呼求邪惡女神海克蒂（Hecate），反映她已決定不惜一切報復，寧可玉石俱焚。這裡，老師總結 Medea 報復的原因：她埋怨 Jason 忘恩負義，加上性格剛烈，最後更給國王驅逐出境，走投無路。

為了讓學生更清楚掌握 Medea 與國王或明或暗對峙的張力，老師可以在課堂上播映由 Zoe Caldwell 飾演 Medea 的話劇片段，或請同學在課後觀賞。

第三幕：恩斷（頁 191–97）

學生能夠：（1）掌握 Jason 的無情無義；（2）了解 Medea 深沉的痛苦。

今次出場的是 Medea 和 Jason 這對怨偶。朗讀時，前者坐著而後者站立。兩個同學朗讀片段（頁 192–94）後，老師提問和歸納兩點：（1）Medea 對 Jason 的指控是甚麼？Medea 認為他為人怎樣？Jason 見利忘義。這個人卑鄙無恥、偽善狡詐；（2）Jason 的回應是甚麼？他說自己的恩人是「愛與美神」西卜莉絲（Cyprus）而非 Medea。同時，是他令 Medea 享有文明的生活，且獲得讚譽。現在他與公主的婚事，其實對 Medea 和孩子有利。之後，老師請同學表達他們對 Jason 的看法：Jason 花言巧語、顛倒是非。他貪慕虛榮、熱衷名利，可以把個人利益置於情愛盟誓之上。但有些人就是這樣，口才了得，欺騙別人，就連自己也欺騙了。他們不但不反思自己的行為，還表現得洋洋得意。

這時，Medea 的心情苦上加上苦。Jason 不但對自己忘恩負義的行為，沒有絲毫歉意，更嘲弄 Medea。天上眾神也彷彿聽不到 Medea 的呼求，對不義行為視若無睹。她悲歎説：「眾神啊，你讓人知道用甚麼方法可以正確鑑別真金和假金，為甚麼也不在人的身上刻下印記，讓我們能夠分清誰忠貞不二？誰又偽詐善變？」（頁 193）Medea 的景況引起大家的同情，歌隊慨歎説：「熱情被糟蹋成錯愛」（頁 197）。Medea 一定很悲苦，不了解為何當年轟轟烈烈的愛情，今天會變成互相仇恨的關係。

接著，就是「角色提問」和「意見團」的活動。老師選出三個學生扮演 Medea，出來坐下。首先，左邊的觀眾向 Medea 發問一些問題。然後，右邊「意

見團」的觀眾給Medea各種意見，如「放下這段感情吧，這個人不值得你留戀或憎恨」、「帶著你的子女離開這個傷心地，重過新生活」、「不要因為尊嚴拒絕他的錢；有這一筆錢，以後才能好好過活」、「就算恨，也針對Jason好了，不要影響其他人」、「平凡生活就是福氣。你要活得比Jason好，這樣就等於戰勝他」。Medea能否把這些意見聽進去？

最後，老師代入角色（teacher-in-role），扮演Medea。老師（Medea）站起來，指著觀眾說：「你們沒資格對我說這些話，因為你們沒感受過我的切膚之痛！我沒法就這樣放下，也不能一走了之。他們不死，難消我心頭之恨！」課堂上這些戲劇活動，令學生更投入。他們明白Medea不斷累積憤恨，復仇的心已經到了極點。

第四幕：庇護（頁198–202）

> 學生能夠掌握：（1）Medea抉擇的意義；（2）情節變化和戲劇結構的關係。

這幕出場的是Medea和雅典國王伊吉斯（Aegeus）。老師向學生提問：

1. 伊吉斯有何難題？他無子。
2. Medea可以怎樣幫助他？她又向他要求甚麼？Medea答應給伊吉斯一帖可以生子的藥方，但要求伊吉斯答應收留她。國王不論出於友情或個人的原因，都答應幫助Medea。

雅典國王施以援手有何意義？對Medea的復仇計劃有沒有影響？這要從兩方面分析：正面來說，Medea可以放棄原來的殺人計劃，和孩子離開柯林斯國到雅典這個棲身之地，重過新生活；反過來說，這可以加強Medea的復仇計劃，使她放心張手大幹一場。只要她能逃脫，柯林斯國人也不能殺死她，因為雅典國王已經答應保護她。因此，對Medea來說，這是一次重要的抉擇：為善為惡，都在一念之間。

在戲劇結構上，這一幕像V字形的底端。Medea在絕境中突然看到一線希望，並獲得一些主導權。老師也請同學注意，對當時男權社會的希臘人來說伊吉斯膝下無兒是十分不幸的命運。這伏筆呼應後來Jason無子的痛苦。對男性來說，沒有後裔比死更難受。

第五幕：計劃（頁203–12）

> 學生能夠掌握：（1）Medea以牙還牙的心態；（2）「戲劇反諷」技巧。

　　此刻，Medea和Jason這對怨偶再碰面。同學朗讀相關片段（頁207–10）。其實Medea約Jason見面前，內心充滿掙扎：她計劃徹底傷害丈夫，但若需要以殺害孩子為手段，自己也會成為最不快樂的人。歌隊勸她懸崖勒馬，這正好反映Medea內心也掙扎著不要讓自己陷進毒計去。

　　Medea假意向Jason認錯，並懇求Jason對公主說情，讓兩個孩子留下。Medea還說要把精巧的禮袍和純金髮冠送給公主。Jason起初拒絕，因為他認為皇宮的金銀珠寶多的是，不必再添華衣美服。況且，「如果我妻子還看得起我，她會看重我勝於純金，這點我很確信」（頁210）。這句話是何等大的諷刺！Jason口中說配偶比物質重要，但他自己卻看重純金（名利）勝過妻子（Medea）。舞臺上，角色本身不自覺，還以為說話得體，但觀眾的眼睛雪亮，更加鄙視他，此乃反諷的運用。

　　最後在Medea堅持下，Jason只好收下禮物。

第六幕：交戰（頁213–16）

> 學生能夠：（1）掌握主角內心痛苦掙扎。這樣強烈的感情經歷，正是希臘悲劇的精華所在；（2）了解最後邪惡戰勝善良。

　　今次出場的是Medea甲和Medea乙，可見女主角正面對強烈的內心掙扎。姚一葦指出，戲劇衝突有自身的、社會的、大自然的（頁62）；Medea是自身的心理衝突，故課堂以兩個演員具體表達出來。

　　母親的願望是甚麼？Medea甲訴說：「孩子，我捱忍分娩的劇痛，不辭艱辛地撫育你們，因而受損了青春，為的是甚麼？懷你們的時候，我所嘗受的苦楚，彷彿沒有甚麼結果。噢，可憐的我，在你們身上構築許多高遠的期望，期望髮白齒落的晚年，能夠享受你們的孝養；歸陰時，你們能親手裝飾我的遺體，這是古來為人子女的天職。」（頁213–14）Medea乙卻反擊，認為自己耽於溫情和過於軟弱。但Medea甲一看見孩子的眼神，就想到和他們將來一起的快樂的日子，「不！不要！你不要作這些事了！饒了他們吧！同情同情孩子，如果讓他們和你一起到雅典去，你必定能從他們身上得到許多的快慰」（頁214）。此時，

Medea乙狠下心腸，堅持實行可怕的復仇計劃，「不！不行，看在地獄復仇女神的份上，不可這樣軟弱。我最好還是用孩子當犧牲品，讓仇敵吃足苦頭」（頁214）。最後，她下定決心，「這裡所有的，已經被你們父親取走了。……走吧！走吧！我再也不能正視你們！也不能見你們的面，悲哀已經整個將我淹沒」（頁215）。

　　朗讀結束後，在課堂展開「提問角色」活動。Medea每當想到孩子，的確會心軟，這是母親與生俱來對孩子的愛和期望。如果孩子不在，自己的餘生也會悲痛不已。但另一方面，每想起敵人，卻又硬起心腸來。她性格高傲，絕不容忍敵人活得逍遙自在，也不讓敵人嘲笑自己。Jason對她的傷害很深，故她要仇敵吃足苦頭才能罷休。Medea的憤怒已經令她失去理智。最後，邪惡戰勝善良。

第七幕：流血（頁217–23）

> 學生能夠掌握Medea在罪惡中越陷越深，最後做出無可挽回的悲劇。

　　Medea藉孩子的手把禮物送給公主，讓她沒有防備，歡天喜地穿上禮袍和戴上髮冠。誰知兩者都有魔法和劇毒，把公主和上前營救她的國王活活燒死。這場慘劇由信差報告出來，正如上章所言，希臘悲劇的血腥場面不會展露在觀眾面前。

　　這幕有Medea和信差的對話。信差朗讀220頁末的片段，慨歎人生虛空痛苦：不論貧富，人生總是不快樂。信差覺得Medea過於凶殘，但同情她的遭遇，叫她趕快逃走。這時候，Medea有一段獨白（頁221）。其實她可以和孩子一起逃走，但她心狠手辣，一心殺掉孩子，令Jason更痛苦，最後一無所有。Medea殺害孩子的理由是怕他們遭人毒手，那倒不如及早了結他們的生命，免得他們受到別人的折磨。其實這些只是藉口。當人落在罪惡的深淵，變得非理性時，即使有很多機會回頭，人也不會理會，結果越陷越深，難以回頭。

　　老師問：歌隊慨歎甚麼？

　　當年Medea和Jason為追求愛情，不惜歷劫重重，最後結為夫婦，並誕下孩子。難道這一切美好都轉眼成空嗎？如果Medea想殺害孩子，她未免太過狠心。結果Medea真的殺死孩子。歌隊再次慨歎情愛的罪孽。

第八幕：毀滅（頁 224–28）

> 學生能夠掌握：（1）Medea和Jason因愛成恨，互相毀滅的心態；
> （2）男女情海翻波的悲劇，正正回應歌隊所説的生命成空。

學生朗讀Medea和Jason第三次碰面的片段。Medea出現在屋子上方，帶著兩具童屍，坐在飛龍駕駛的車裡，正欲離去。Jason大罵Medea凶殘無恥，Medea則指這悲劇由Jason親手造成。然後，兩名學生朗讀227至228頁。Medea站起來，Jason坐著。試比較這裡和第三幕的安排：一站一坐有何寓意？現在Medea是支配者。她洋洋得意，堅決不理會Jason的哀求，連孩子的屍體也不留給他。那就是説，Medea完全達到了她復仇目的。

老師訪問Medea和Jason。問題越深刻，越能帶出悲劇的主題：

1. 你們現在最大的感受是甚麼？
2. 有沒有後悔你們所做的事？
3. Jason，你現在最想做甚麼事？
4. Medea，你以後會快樂嗎？

至於神人關係，Medea曾説：「眾神知道是誰釀起這宗慘事」，Jason則説：「是，眾神的確知道，他們看透了你那顆可鄙可恨的心。」最後歌隊也説：「眾神所作成的許多事，或是或非，不是人意所能洞察的。」（頁228）他們似乎想説出，神祇難以捉摸，天神的世界像人的世界般，沒有甚麼準則、公義可言。這似乎反映部分希臘人對傳統宗教信仰抱有懷疑的態度。

五、深入討論

1. 探究主題

首先，老師向同學發問：

初步讀完《米蒂亞》後，你認為這個戲劇的主題是甚麼？

老師略為整理後，把不同的意見寫在黑板上，例如：(i) 本作品帶出男女之間愛得深，恨亦深的悲劇。一方對愛情不忠，往往使另一方無比痛苦；(ii) 這戲劇反映人生信仰的虛幻，生命沒甚麼公義、永恆、美善等東西可恃；(iii) 生命無常，受命運擺佈；(iv) 反映人性醜陋本質，為了名利或個人復仇而不擇手段；(v)

雙方都聲稱為孩子好，實質上只為滿足個人私慾；(vi) 女性不甘受壓迫而勇敢反抗。

　　如果是導演，他就要選擇上述一個重點，帶領演員走向這個目標；如果是老師，他可以先開放空間讓學生思考，再作引導。

2. 辯論

　　辯論這類教學活動，很適合用於富爭議的人物和題材。Meltzer 指出他的 Medea 課堂應用辯論的原因：一方面角色本身複雜，討論空間甚多，另一方面作者 Euripides 的作品充滿懷疑精神，如質疑女性地位不公、眾神無是非標準等劇中的言辭。他要讓觀眾思考這些課題（頁 104）。承接希臘民主的餘緒，今天我們的課堂也應該鼓勵同學從不同角度思考問題。

　　首先，老師把全班學生平均分為兩組，然後在黑板寫下辯論題目：

Medea 以牙還牙，造成倫理和謀殺悲劇，罪無可恕

　　辯論開始前，學生有 5 分鐘時間思考。請注意，正反方都不是劇中人或希臘城邦的旁觀者。由於這並非正式的辯論，雙方可自由發揮、回應，或提出新的觀點。討論過程約 15 分鐘。雙方從辯論探討不同宗教、倫常、法律的問題。有時，老師也可從旁提供一些背景資料，以加深討論。討論結束後，由老師作結。

　　正方理據充足，佔了上風。Medea 殺害四條人命，必定罪無可恕。殺國王、公主已經夠凶殘，最後殺害親兒，更是傷天害理。她最陰毒的是，偏偏不殺害最大的敵人 Jason，而是要他一無所有，活活受苦。她向 Jason 報復的最大理由是，Jason 拋棄她另娶新歡。公元 5 世紀的雅典，希臘人認為來自 Medea 故鄉，即高爾契斯 (Colchis) 的人是異族，凶悍野蠻，故此雙方不能通婚。根據這點，Jason 不能視 Medea 為正室，兩人不算是正式的夫妻（Bowman，頁 159）。當時社會的價值觀，是容許 Jason 另娶他人的。最後，Medea 手刃親兒，餘生也會痛苦不堪，如同與 Jason 玉石俱焚。故此，Medea 罪無可恕。她犯下的是此生也無法饒恕自己的罪孽，所以這已不是單純天理和法律的問題了，更是超越人倫極限。

　　反方宜從感情方面著眼。首先，Medea 遭遇極大的痛苦，令人難以想像：失婚，丈夫拋棄她；失家，Medea 的父親不會原諒她殺兄；失國，族人不會原諒她的背叛。在絕境下，Medea 作出反常的血腥報復是可以理解的。她與 Jason 的婚姻或許不被希臘社會認同，但 Jason 始終背棄恩義、背叛情愛的盟誓。不難想像，Medea 對此人恨之入骨。另外，眾神心意難測，亦應該為這筆帳負責。當

年，他們叫丘比特 (Cupid) 的箭射中 Medea，使她愛上 Jason，此事非 Medea 所能控制。及後，眾神引導她離開本國到希臘，也容許她消滅敵人。現在發生這樣的情況，眾神又不主持公道，令 Medea 求助無門。Medea 受盡委屈、悲憤填膺。她失去理智，看不透自己的困局，在這情況下犯罪，情有可原。最後，對當時社會上無數受踐踏的女性來說，Medea 的過錯未必罪無可恕。Medea 對愛情忠貞，因而對負心者當頭棒喝，實在為女性挽回一點尊嚴。

老師作出總結。雙方道理充分，更令我們深思複雜的社會和人性。Medea 犯下彌天大罪，是不對，但並非完全不值得同情。然而，很多時候，正因為人執著這一絲令人同情的處境，容易走上偏激、毀滅之路。換言之，不能以這樣的藉口，作為行惡的理由。正如學者 Murray 指出，Euripides 固然恨惡迫害者的殘酷，但也否定受害者的報復（頁 10）。因此，這戲劇不一定帶出女性抗爭、反抗受壓迫的主題（如羅念生所言，頁 90），反而受害者的痛苦會驅使這樣的復仇者成為更可怕的人。最終所謂「勝利」的果子，帶來的不是公義或歡呼，而是更大的毀滅和痛苦。因此，本課讓學生深思，社會上很多家庭倫常悲劇，或由此而起。不要讓委屈或憤恨蒙蔽自己的理智，復仇決非解決迫害和痛苦的最好辦法。

3. 獨白

課後，老師可要求學生以獨白寫下對任何角色的所思所感。本書一直強調學生要與文本多作交流，以產生獨特成果；這個包含讀寫說聽的活動，能夠訓練學生深入從自己角度，演繹人物和表達對主題的看法。

本章附錄有 Medea 獨白的例子，以「巖崖」為題。老師可提醒學生抓住作品的關鍵意象，因為意象既濃縮，一方面緊扣主題，另一方面又能擴闊觀眾的想像空間。此外，人物造型和舞臺指示可幫助學生設計實際的舞臺演出。

六、總結

Medea 不是高貴的英雄，她只是滿腔愁怨，一心想報復的女性。學生要掌握其性格和豐富細緻的心理變化。本劇的主要衝突當然在於 Jason 的忘情負義和 Medea 的反抗，但也要注意 Medea 自身人性的掙扎，這正是戲劇動人之處：她也有正常人的愛恨悲喜，並非徹頭徹尾的殺人狂魔。此外，戲劇的 V 型結構也能牽動觀眾的情緒，使他們如同與 Medea 一起經歷飽受欺壓、最後不顧一切反擊的心路歷程。

　　本劇繼續讓學生看到古典希臘悲劇的澎湃情感。《伊底帕斯王》的主角情懷高貴，本劇卻讓人看到人自由意志的另一面，可以如何偏激和陰暗。希臘人越追求生命的真和美，就越發覺無法擺脫罪惡。善惡爭持，在激烈的痛苦與心靈掙扎中，善可勝惡。人以尊嚴和勇氣承擔大苦難。希臘悲劇使我們深深思索：「嘗過痛苦和死亡的偉大靈魂，轉化了痛苦和死亡」（Hamilton，1996，頁13），從而看到生命的力量；但另一邊廂，惡可勝善。Medea雖然也追求她的尊嚴，並以無比的勇氣復仇，但她走上歪路，為此付出悲慘的代價。

　　希臘人的困惑、作者Euripides的懷疑，也是現代人的挑戰。我們要思考的是：在沒有眾神法力干預的環境、沒有超凡絕倫的英雄年代，一般平凡人應當如何以切合情理的智慧，解決生命的問題。莎士比亞《暴風雨》（The Tempest）國王Prospero的包容寬恕或許是其中一個明智的選擇。文學課如同人生課，每一堂都是情與理的思辯。

七、推薦閱讀

羅念生。《論古希臘戲劇》。北京：中國戲劇，1985。

羅念生譯。《美狄亞》。《古希臘戲劇選》。北京：人民文學，1998。頁234–89。

吳興國改編。《樓蘭女》。臺北：當代傳奇劇場，2008。互聯網片段。

姚一葦。〈衝突的法則〉。《戲劇原理》。臺北：書林，1997。頁57–76。

曾珍珍譯。《米蒂亞》。《希臘悲劇》。臺北：書林，1996。頁167–221。

Bowman, Laurel. "Women and the *Medea*." In *Approaches to Teaching the Dramas of Euripides*, ed. Robin Mitchell-Boyask. New York: MLA, 2002. 156–65.

Cullingham, Mark, dir. *Medea*. Washington, DC: John F. Kennedy Centre for the Performing Arts, 1983. TV movie. [with Zoe Caldwell as Medea]

Hamilton, Edith. "The Idea of Tragedy"（〈悲劇的理念〉），曾珍珍譯。載於《希臘悲劇》。臺北：書林，1996。頁3–15。

Hamilton, Edith, ed. *Mythology: Timeless Tales of Gods and Heroes*. Boston: Little Brown, 1942.

Kovacs, David. *Euripides*. Cambridge, MA: Harvard UP, 1994.

Meltzer, Gary S. "The Importance of Debate in Euripides—and of Debating Euripides." In *Approaches to Teaching the Dramas of Euripides*, ed. Robin Mitchell-Boyask. New York: MLA, 2002. 103–11.

Murray, Gilbert, trans. *The Medea*. London: George Allen & Unwin, 1946.

附錄：Medea 的獨白（參看本章第50頁）

嚴崖

出處：《米蒂亞》（*Medea*）

時間：米蒂亞殺孩子前

地點：家中

扮演角色：米蒂亞。她伏在地上，頭髮散亂，雙眼佈滿血絲，猶如噴火。

　　天意，天意（抬頭，眼中含淚）。若不是亞哥號穿過辛普力蓋茲海峽，就不會來到我的國家，我也不會認識傑森，我整個人生也會完全不同。難以相信，以我的美貌才智，竟然落得如斯田地！這是命運？還是甚麼神意？海峽啊海峽，為甚麼那天你兩旁巖崖的滾石不砸死那艘船的人？砸死那個自命英雄、喪心病狂的人！

　　（眼神略和緩，但十分空洞）真是險死還生，但我們為愛私奔，無懼甚麼敵人，也無懼波濤洶湧的大海。我以為經過那麼多劫難，我們的愛情和婚姻應當穩如磐石。磐石下有我們的愛情結晶：兩個孩子出生了！我是多麼的快樂！（悲戚貌）誰知不過數年，一切轉眼成空。傑森，你這個卑鄙負心的人，為了榮華富貴，竟忘卻我們的盟誓、忘卻我對你的恩義。更可恨的是，你還洋洋得意，顛倒是非黑白，迫得我和孩子走投無路。上天啊，懲罰這個惡貫滿盈的人吧！

　　此刻，我彷彿回到那片大海之上，我的心剛強，冷如巖石。（目露凶光）是的，我要親手殺死我的孩子，毀掉傑森的命根，斬斷我們一切的連繫！這比取你的性命更有效，你會生不如死，哈哈，那我的報復就成功了！我米蒂亞不會讓你踩到底，你也會像我現在這樣痛苦（敲擊牆壁）。

　　（拍打漸慢、聆聽）孩子、孩子，你們在哪裡？你們叫我嗎？哭喊嗎？回應媽媽吧……我自己也將失去一切！（摸索牆壁）怎麼這鬼門拉也拉不開？一切隔絕得乾乾淨淨。孩子也是我的，我想要回他們也不可能。（突然轉頭，彷彿看到幻象）傑森，你在獰笑，你認為我下不了手嗎？那等著瞧吧，你去死，去你的新婚駙馬（撲向幻象，倒在地上，一動也不動）！

第 *4* 章

《凱撒》(*Julius Caesar*)

莎士比亞 (William Shakespeare, 1564–1616) 為文藝復興 (Renaissance) 時期的詩人和戲劇家，其作品題材風格多變，描寫人性世情深刻，藝術技巧精湛，堪稱世界最偉大的作家。《凱撒》約於 1599 年寫成，並於同年公演。此劇乃莎翁成熟期之作，筆墨飽滿。本書選擇此劇，是希望學生初步認識莎翁的作品，一來它的篇幅較其他劇作短，二來它沒有四大悲劇那麼沉重，較易為初學者接受。因此，學生可藉此劇先了解莎翁的藝術手法，以及如何透過事件反映人生百態。《凱撒》像中間點，上承莎翁前期優秀劇作的經驗，下開高峰期不朽的四大悲劇。

以多元系統立論，本章除中國文學、英國文學外，還結連羅馬政治、文化、文藝復興藝術等系統，希望學生透過這部作品，多方思考權力與人性的關係。

一、譯本

本書採用汪義群翻譯的《居里厄斯·凱撒》，這譯本文筆暢順；讀者亦可參照前人如朱生豪、梁實秋的譯本。但汪版有一處錯譯：第三幕第一場，其中有一句是「凱撒向元老院走去，眾人相隨。眾元老起立」(頁 76)。這句前的人物為 Publius，譯為「帕勃利厄斯」是對的，但這句後的人物為 Popilius，應該譯作「波匹利厄斯」。所以，從這句到「安東尼和特里波涅斯下」為止，共有四次要把「帕勃利厄斯」更改為「波匹利厄斯」。至於英文版，可參考牛津出版社 Oxford World's Classics 之 *Julius Caesar*，校對嚴謹。

二、教學重點

內容上，學生要掌握：(1) 四位主角的性格和心理；(2) 本劇透過政治的勾心鬥角反映人性善惡的主題。Elloway 指出，像政治這樣的權力遊戲，把人性扭曲得異常醜陋（頁61）；(3) 深入剖析本劇兩場演說的內涵和特色。

藝術上，學生要掌握：(1) 悲劇結構、悲劇衝突、悲劇高潮；(2) 莎翁喜歡運用平行對照 (juxtaposition) 和豐富的意象技巧。

三、教學方法

1. 資料搜集：學生搜集資料，了解文藝復興時期的藝術家（例見附錄一）。
2. 繪畫教學：透過評賞文藝復興時期的名畫，學生更了解這個時期的特色。
3. 勾勒每一幕的重點：老師可藉此活動指出各事件之間的關連。
4. 朗讀：學生要深入分析兩場演說；老師可要求學生朗讀重要的片段，以凸顯書中人物的性格。（註：老師也可鼓勵學生多聆聽原文的錄音廣播，以豐富學生對角色的掌握，尤其是 Shakespeare Recording Society 和 Classic BBC Radio Shakespeare 的演繹，十分優美悅耳。）
5. 意象追蹤：學生分析某意象在各幕出現時的變化。
6. 戲劇教學：
   - 「獨白」(monologue) 和「集體建構角色」(collective character)。全班分為四組，每組深入了解一個重要角色，然後用獨白表達角色的性格特點。
   - 「提問角色」(hot-seating)。獨白完畢，觀眾可以向該角色提問。

四、教學過程

開始時，老師展示一些文藝復興時期的名畫，如波提切利 (Sandro Botticelli, 1445–1510) 的《春》(*La Primavera*)、《維納斯的誕生》(*The Birth of Venus*)，道出那時期的審美觀和價值觀：唯美、入世、追求物質享樂、積極樂觀的生命。這方式的繪畫教學也可以提升學生的藝術素養。

全班分為五組，討論10分鐘，最後由每組代表把各幕的重點勾勒出來。老師把黑板分為五格，每格標出幕數和場數，讓學生一目了然。

幕一	幕二	幕三	幕四	幕五
1	1	1	1	1
2	2	2	2	2
3	3	3	3	3
	4			4
				5

學生報告重點時，老師同時歸納大要，在黑板寫上關鍵詞。有些學生在事前只匆匆看過作品一遍，或忽略關鍵細節。這活動能讓全班學生掌握劇情大要，知道每一幕的重點。

第一幕：煽動（頁 20–46）

> 學生能夠掌握：（1）作者開場幕（opening scene）的部署，尤其是善變的群眾和政治上兩股對抗的勢力；（2）凶兆意義。

開場時，觀眾覺得群眾說話頗有趣，但實質他們浮滑、不可靠。護民官對凱撒（Caesar）的敵意，也令人覺得有強大的反凱撒力量存在。

大將凱撒打勝仗歸來，民眾夾道歡迎，好不威風。但他不聽預警的態度，反映其驕傲性格。另一邊廂，卡修斯（Cassius）挑撥勃魯托斯（Brutus）反對Caesar當國王，因為他不甘心臣服於Caesar腳下。其實Caesar也向愛將安東尼（Antony）表示不喜歡Cassius，覺得他城府深，不懷好意。

反對凱撒者正密謀叛變。那一晚，雷電交加，其中同謀者凱斯卡（Casca）表示看見異象，例如手上燒著烈焰的奴隸、聖殿旁有惡獅等凶兆。這些恐怖氣氛既能推動情節，亦加強了舞臺效果。

Cassius是叛黨領袖，為公為私，他都要剷除Caesar。為公，他不想有人稱王，破壞羅馬的共和（republic）體制；為私，他十分妒忌Caesar。於是他暗地策動叛變，派人放假信偽造民意，要求Brutus帶領他們推翻Caesar。

第二幕：密謀（頁 47–74）

> 學生能夠掌握：（1）悲劇衝突；（2）三位主角的性格；（3）凶象再現。

Brutus對於密謀刺殺Caesar一事，內心充滿煎熬。因此，悲劇衝突不單在於雙方陣營對壘，也是個人內心的激烈衝突。

Cassius以羅馬人的光榮、正義思想成功煽動Brutus反抗Caesar。大夥兒在Brutus家策劃行動，並推舉Brutus為領袖，但Brutus反對三個建議，最後他決定：(1)不起誓；(2)不拉攏西塞羅 (Cicero)；(3)不殺Antony。Cassius雖然不同意第三件事，但也尊重Brutus的意思。Brutus的妻子波希婭 (Portia) 憂心丈夫的情況，願意與他一同承擔危難。

在雷電交加的一天，Caesar妻子卡爾帕妮婭 (Calphurnia) 夢到凶兆。占卜者也表示占卜結果不吉，勸Caesar今天不要出門。Caesar本來答應，但油嘴滑舌的德修斯 (Decius) 把死亡的鮮血說成是復活的鮮血，並說如果Caesar不去元老院，就會成為笑柄。自大的Caesar於是決定出門，並興高采烈地與人打招呼。有智者想向Caesar通風報信，警告他要小心陰謀。這時，Portia看到Brutus往元老院，隱約知道事態嚴重，為丈夫擔心不已。

這一幕深深表現出Caesar自以為是的性格，誰知他就中了別人甜言蜜語的圈套；Brutus為正義和光榮的理想毅然加入反Caesar黨，但他不知道自己亦掉進反對黨歌頌自己光榮的陷阱；Cassius佈局精密，老謀深算，但他的弱點就是過於尊重Brutus，任由他發出錯誤的指令。

同時，莎士比亞在這裡也對照兩個女性。Brutus妻子賢慧剛毅，定意要丈夫說出真相以分擔其痛苦；Caesar妻子雖然也憂心丈夫的安危，但她不敢堅持自己的想法，不敢拂逆丈夫的意思，結果無法挽回丈夫的性命。

第三幕：喋血 (頁47–74)

> 學生能夠掌握：(1)戲劇高潮(climax)：行刺成功，Caesar死亡；
> (2)演說效果；(3)群眾善變的心態。

驕傲的Caesar拒絕智者的警告，也拒絕眾元老一個赦免的要求，於是大夥兒借勢包圍他，Casca先從Caesar身後刺了一刀，其他人同時出手，Caesar終於倒下。眾人歡呼勝利。從戲劇結構而言，這幕是高潮所在，但接著高潮迭起，令觀眾屏息注視局面的變化。

Antony聞訊趕至，悲痛欲絕，但強敵當前，不得已向眾人表面示好；Brutus對之友善。請注意，Antony假意與敵人握手的場面，與第二幕Brutus和同謀者真心握手的場景，形成強烈的對照。眾人離開後，Antony發誓報仇。這裡看出Antony忍辱負重、臨危不亂。

　　Brutus 在講壇上對群眾曉以大義，表示羅馬不需要稱王的獨裁者，群眾心悅誠服，想擁戴他為王。這裡反映出群眾對反對黨刺殺 Caesar 的意義，一知半解。後來 Antony 在 Brutus 的許可下發言。初時 Antony 不敢得罪 Brutus，還口口聲聲說 Brutus 品格高尚，但漸漸他對 Brutus 語帶諷刺，又極力指 Caesar 對待百姓如何慷慨，並展示 Caesar 血衣和棺木內的遺體，群眾為之悲慟。最後，群眾怒火中燒，想殺死 Brutus 一夥。Antony 成功煽動群眾，使形勢逆轉。此時，羅馬城大亂，群眾像失去理性般，不分青紅皂白，殺死一個與反對黨人物同名的無辜者。

第四幕：對峙（頁 75–106）

> 學生能夠掌握：（1）兩個陣營的對照，從而看到政治的陰暗；（2）Caesar 鬼魂出現的意義。

　　Antony 聯同屋大維（Octavius）、萊比多斯（Lepidus）反擊對手。但這個陣營內部不和，Antony 看不起 Lepidus，認為他有勇無謀。他們對加入敵陣的親戚，毫不留情。人在政治和戰爭中變得如此冷酷不仁。另一邊廂，Brutus 和 Cassius 的陣營也有暗湧，他們的友情起了變化。軍隊需要經費，但 Brutus 自以為義，斥責 Cassius 貪瀆，令 Cassius 十分氣惱，但後來兩人真誠和解。Cassius 也知道 Brutus 的妻子 Portia 已經自殺，為 Brutus 痛心。

　　行軍策略上，Brutus 和 Cassius 再次意見分歧。Brutus 一意孤行，誓要帶兵到腓立比；Cassius 則認為以逸待勞更佳。最後，Cassius 依從 Brutus 的決定。這裡可以看到 Brutus 的執著，而 Cassius 也過分遷就他。晚上，Brutus 看到 Caesar 的鬼魂，預示 Brutus 的死亡。舞臺上，觀眾可以感受到驚慄的氣氛。

　　這幕出現平行對照的場面：一方不和，另一方和解。此外，鬼魂的出現似乎表達，人無論如何都敵不過命運。但細想一下，這一切真的都是命運驅使嗎？Brutus 剛愎自用，再三忽視 Cassius 的勸告，例如他放生 Antony、又揮軍上腓立比，結果都證明他的決策錯誤。眾人責怪 Caesar 獨裁，但 Brutus 又何嘗不是如此？Brutus 是好人，但亦有局限，他看不到自己的盲點，最終招致失敗。

第五幕：決勝（頁 130–51）

> 學生掌握：（1）戰敗一方的悲哀；（2）Brutus 英雄之死。

　　兩軍對壘。其實 Antony 陣營有隱憂，因為 Octavius 不服 Antony，不想聽從 Antony 的指令，所以後來出現失誤。Brutus 陣營有決心，卻瀰漫一片愁緒。Cassius 說他生日那天，看見凶禽在他的軍營上空盤旋，Brutus 也說第二次看到 Caesar 的鬼魂出現。最後，Brutus 與 Cassius 深情訣別。

　　兩軍交戰，Brutus 成功擊敗 Octavius 的軍隊，但 Cassius 卻敗於 Antony 之手。Cassius 要隨從刺死自己，他的好友泰提涅斯 (Titinius) 目睹此事，也悲痛自刎。Antony 大軍追擊，Brutus 命僕人握劍，然後自己撞上去自殺。上述三人自刎的劍，都是曾經用來殺害 Caesar 的，這似乎暗示 Caesar 冥冥中報仇成功。

　　結果，Antony 一方勝利。Antony 讚美 Brutus 是高貴的羅馬人，別人謀害 Caesar 是因為嫉妒，惟有 Brutus 是出於公義；Octavius 說要以最高榮譽安葬 Brutus。可見 Brutus 品格高尚，贏得別人對他的尊重。

　　最後，課堂結束，老師可用格言雋語 (aphorism) 幫助學生重溫書中的情節及重點，即人物的所思所感。其實，每部莎劇都有很多名句，可供學生細味，甚至記誦，成為他們的處世智慧。本章的附錄四提供《凱撒》部分格言雋語，可以用作課後總結、小測或問答比賽。

五、深入討論

1. 意象追蹤

　　莎翁的戲劇，意象豐富多變。讀者可參看 Spurgeon、Clemen、Heilman 這方面的研究。《凱撒》出現很多動物意象，如獅子、狼、蛇比喻叛變者眼中獨裁的 Caesar。叛變者策動的陰謀都在黑夜或暴風雨之下，故黑夜或暴風雨表示即將發生叛變、殺戮。老師可以選擇兩個重要的意象，讓學生分組討論，例如：甲組討論第三幕第一場，叛黨成功刺殺 Caesar 後，Brutus 和 Cassius 所說的「血」（頁 82）。這「血」表示他們認定的自由、正義，把百姓從 Caesar 的獨裁中解救出來。乙組討論第三幕第一場，Antony 眼中的「血」（頁 84–85），這「血」表示悲痛 Caesar 之死，他願意與 Caesar 一同死去。及後 Antony 假意與叛黨血手相握，這就是復仇的標記。其實出現「血」的場面還有很多，學生可一一追尋，而這方向亦是值得考慮的論文寫作題材。

　　另外，有關「火」的意象。丙組討論第二幕第一場（頁 53）和第三幕第一場（頁 85）叛黨所說的「火」有甚麼寓意；那是太陽的烈焰，充滿正義的力量，能夠消滅獨裁者。及後，Brutus 所說的「大火」，同樣是指拯救羅馬的正義之火。丁組討論第三幕第一場（頁 89）Antony 獨白所說「地獄烈火」的含意；這「火」指向

仇恨和死亡。羅馬城民眾真的失卻理性，到處縱火，令各人陷於恐懼。其實出現「火」的片段也有很多，學生可以逐個分析比較。

2.「集體建構角色」和「角色提問」

全班分為四組，每組代入Caesar、Brutus、Antony、Cassius其中一個角色。討論10分鐘後，每組選出三人演出，他們都以該角色的身分，說出自己的性格。接著，觀眾向他們提問。這個演出與提問時段每組共10分鐘。上述活動時間只是建議，老師可因應情況和需要調節。

老師派發工作紙（見附錄二），作為討論的提示。演員獨白後，觀眾提問；有些問題頗為一針見血，例如：

提問對象	問題
Caesar	你真的想稱王嗎？為甚麼你三次推卻Antony給你的王冠？
Brutus	為甚麼你隱瞞妻子有關刺殺Caesar的計劃？最後兵敗時，你有否後悔殺死Caesar？
Antony	Caesar死後，你聯合Otavius和Lepidus對付敵人，那是為自己爭權，還是為Caesar復仇？
Cassius	你是否覺得你對Brutus的了解不夠深刻，以致推翻Caesar後，引發出更大的悲劇？

假如老師察覺到學生忽略了某些重點，他可以：(i) 以提問者身分刺激角色思考；(ii) 站在角色身旁，補充他們沒說出來的話，以刺激觀眾思考。

最後，老師總結。首先，每個角色都非常立體，不能單以好人、壞人來劃分。其次，有些人只看到自己某些性格的特點和優點，卻看不到自己性格的局限，缺乏反省或自知之明。這樣的盲點，往往招致失敗。或換另一個解釋，人身處政治之中，不得不掩飾或抑壓自己的某一面，以求利益或自保。從這個活動，可以看到莎士比亞塑造人物何等深刻，能立體反映人性的多面。

從這個人物分析的討論，學生可以看到政治的險惡；在這樣的環境下，更反映人性的陰暗面貌，如Cassius為保護共和制而反對帝制，實質有私心，尤其是他對Caesar的嫉妒；Antony為Caesar報仇，一方面反映他對Caesar的忠誠，但另一方面也是為自己的權力鋪路；Caesar有信心好好管治羅馬，卻不難看出他壟斷權力的野心；Brutus為理想拋頭顱灑熱血，但他過於天真、無自知之明、亦不諳現實，最終鑄成大錯，累人累己。最後，我們也可看到群眾的愚昧和善變，

容易給政客煽動，最後往往成為戰亂最大的受害者。可以説，政治令人性變得更醜陋可怕。

3. 演説分析

　　這個劇本多游説 (persuasion) 的辭令，例如Cassius游説Brutus、Portia游説Brutus、Calphurnia游説Caesar，甚至Brutus也要説服自己。最著名的游説之辭，毫無疑問就是Brutus與Antony分別對群眾所説的話 (第三幕第二場)。教學前，學生要預習這兩篇演説辭：甲組精讀Brutus的部分 (頁92–94)；乙組精讀Antony的部分 (頁95–103)。

　　教學時，老師先邀請學生朗讀其中的精彩片段，然後派發工作紙 (見附錄三)，引導學生從四方面分析演説辭，並舉例説明。西方傳統演説有理據 (logos)、情感 (pathos)、道德 (ethos) 三種技巧，Brutus和Antony都極力以此拉攏群眾 (McMurtry，頁53–58)：

	甲組 (Brutus)	乙組 (Antony)
理據 (logos)：道理堅實、游説有力。		
情感 (pathos)：激動群眾的心，甚至驅使他們行動。		
道德 (ethos)：令人覺得演説者可靠、動機良好。		
修辭 (rhetoric)：用詞巧妙、語氣恰當；既鞏固自己的立場，亦能打擊對手。		

　　10分鐘後，學生逐點報告，老師在黑板邊聆聽邊寫上關鍵詞。甲組分析Brutus的演説後，老師略作總結，然後邀請乙組學生以評論員身分，指出這場演説有何優缺點。接著，乙組逐點分析Antony的演説，然後老師略作總結，再邀請甲組學生以評論員身分，指出這場演説的優缺點。

Brutus 的演説

　　演説開始時，Brutus一方佔優。元老院人多勢眾，到處宣揚刺殺Caesar是為羅馬人除害的信息，現在只欠Brutus公開陳詞。首先，理據上，Brutus解釋殺Caesar是為了消滅他的野心，制止他的專權，極為凜然崇高。但問題是，Brutus拿不出實質的證據來：憑甚麼説Caesar會稱王？即使他稱王，為甚麼羅馬人一定會成為奴隸？此外，Brutus也沒清楚解釋，現在的共和制有何好處？Caesar稱王後，行君主制又有何問題？Brutus也

沒有提及Caesar死後，政權有甚麼安排。由於解釋不足，論點又不夠堅固，所以容易給人推翻。群眾的文化程度參差，他們或會短暫接受偉大的陳詞，但不一定了解背後的理念和細節。Brutus必須向大眾清楚說明，才能鞏固已有的支持力量。或許他過分高估群眾的文化水平，以及群眾對理想價值的掌握。

情感上，Brutus稱群眾為「朋友」、「所愛的人」(lovers)，以確立彼此的關係。Brutus又表示自己愛羅馬，藉此激發群眾的愛國心。道德上，Brutus也贏得群眾的信任和尊敬。他以自己的名譽作為擔保，相信群眾的理智，明白他是光明磊落的漢子。他甚至說，可以為了羅馬而犧牲自己：「為了羅馬的利益，我殺死了我最好的朋友；當我的祖國需要我死的時候，我可以用同一把刀子，把我自己殺死。」(頁93)這種願意為公義獻上生命的人，令群眾動容。

Brutus的演辭，在英文原文沒有押韻，只是平實的散文(prose)語言。不過，這篇演說組織嚴密，用詞簡潔精煉。Brutus相信自己的理念和群眾的智慧，也表明自己愛羅馬的心意。整篇演說的核心是，殺死Caesar情非得已；惟有Caesar死，羅馬人才不會成為奴隸。最後，他又押上自己的性命，鞏固其君子形象和行為。修辭上，Brutus喜歡用排比句式，如「因為凱撒愛我，所以我為他流淚；因為他是幸運的，所以我為他高興；因為他是勇敢的，所以我尊敬他」，十分有力地表達他對Caesar的感情。但接著一個關鍵的連接詞「但是」，就推翻了上述的句子：「但是，因為他有野心，所以我殺了他。」這句表示他逼不得已採取行動，重點鏗鏘有力。此外，他亦善用襯托句式，如「我愛凱撒，但更愛羅馬」(頁92)。整體而言，Brutus高舉自由大旗，他的演說成功鞏固了群眾對己方的支持。

Antony 的演說

反觀Antony這邊，形勢十分惡劣。他受三個條件限制：(i)不能指斥Brutus一方；(ii)說明演講得到Brutus的允許；(iii)Brutus演說後，他才能上臺。因此，群眾已有先入為主的印象：Brutus仁義，而Caesar該死。這種想法對Antony極為不利，但他非常鎮定勇敢，孤身一人面對滿懷敵意的群眾。理據上，他力陳Caesar沒有野心，原因有三：(i)Caesar的俘虜充實國庫；(ii)Caesar與窮人一同流淚；(iii)Caesar曾三次當眾拒絕王冠。Antony還說Caesar有「遺囑」，就是要把金錢和其他好處留給民眾。當然，這些都是Antony利誘群眾的說辭。無論如何，他總結出Caesar的死是羅馬

的損失。這樣的論點，結合證據、解釋、利益，十分高明且有吸引力，故立刻打動群眾的心。

情感方面，Antony表達自己深切的哀傷，他要群眾圍著Caesar的遺體，讓他們目睹Caesar死亡的慘狀和身上的血衣，這些實證加強了群眾的悲憤之情。然後，他著力說出Caesar對Brutus的愛，以此對比Brutus對他的背叛：「就從這裡，他被所深愛的Brutus刺進一刀。」（頁99）結果，Antony令大家不齒Brutus的所為，漸漸對他產生仇恨。

道德方面，Antony尊重群眾，事事讓群眾做主，如「我可以下來嗎？你們允許我嗎？」（頁98）就這樣，Antony拉近了和群眾的距離。Antony一再表明他沒有任何歪念：「我沒有Brutus的辯才；你們都知道我只是個平凡木訥的人，一個愛自己朋友的人。」（頁101）Antony強調自己是個平凡人、沒有口才，只是深愛朋友，令人覺得他真誠謙卑。

修辭方面，Antony運用多樣的修辭手法：(i) 申明要說的和實際所說的相反，如「我是來埋葬凱撒，不是來讚美他」（頁95）；(ii) 不斷重複反語，造成極大的諷刺效果。他重複十次說，Brutus是「品德高尚的人」，但提出的例子通統是反面的，因此到後來，這些讚美都變成極大的諷刺，令人對Brutus反感，覺得他虛偽；(iii) Antony善用對比：Caesar愛Brutus，但Brutus背叛Caesar。Caesar的死令人悲痛，但叛黨卻洋洋得意。這些情景使人對後者心生憎惡；(iv) 意象運用豐富，如群眾「憤怒的火焰」、Caesar傷口的血像驚愕的人，「急急地跟了出來，彷彿要衝出門來看個明白，這殘忍的一擊是不是出自Brutus」（頁99）；(v) 運用相關語，只見於英文原文，但老師也可舉例說明，如Antony不斷說出那遺囑（will），群眾同時用will堅定呼應（"The will, the will! We will hear Caesar's will."）。Antony又說Caesar「倒下」（fall），又說這是何等大的「殞落」（fall）。文字和情感融為一體，不斷回響，增強煽動的效果。

總結而言，這兩場不是普通的演說，而是性格、才能、生死的決鬥。Brutus是真正的謙謙君子，他對自己的正義理念和行為十分有信心，但過於理想。他過分高估群眾的理性和心智，卻低估了Antony的才能。他善良磊落，不單放生Antony，更讓他演說，而且不在現場監察，這是何等大的失策！Brutus徒有理念，但不善於實際操作，也不了解群眾心理。他的演說過短，也提不出具體證據，欠缺充分準備來鞏固自己的實力。情感方面，Brutus過於嚴謹方正，不及Antony奔放。若說他敗於Antony，倒不如說他敗於自己。Brutus過分自信，不聽別人的忠告，也看不到自己的盲點。最後戰場失利，也是其性格使然。

　　反觀 Antony，他是背水一戰。他的演說實中有虛，並非每句都言之鑿鑿。但他懂得游說技巧，會揣摩群眾的心理，也活用現場的環境和實物，加強演說的效果。他的德行不一定勝過 Brutus，但他敢於獨自面對凶險。若有甚麼差池，他會隨時喪命。因此，Antony 堪稱智勇雙全。雖然他以 Caesar 的死煽動群眾，但也不能否認他真心愛 Caesar，為 Caesar 的死悲哀。這正是他演說的動力所在，因此其演說情感充沛、奔放自如，發揮出最大的效果。另外，修辭上更顯出 Antony 的才能，他最成功的是重複使用反語，這既遵守了不攻擊 Brutus 的承諾，卻又能暗中攻擊他。Antony 由穩住局面到主動出擊對付敵人，都是憑藉翻雲覆雨的演說。Antony 實在是了不起的演說家、渾身是膽的豪傑。

4. 題目與主題探究

　　顧名思義，本書的故事皆以 Caesar 為中心，而高潮在於刺殺 Caesar 的陰謀成功，Caesar 死亡。但這樣就引發出一個問題：Caesar 雖然是主角，但他在最後兩幕已經沒有戲份。為甚麼題目仍叫 Caesar？反過來說，Brutus 從頭至尾都有戲份，焦點是否應該放在這個悲劇人物身上？

　　首先，Caesar 雖然已經死去，但他的鬼魂在最後兩幕都有出現。其次，眾人的話題也離不開 Caesar。更重要的是，Caesar 在書中變成「至高權力」的概念，例如 Brutus 演說完畢，群眾為他凜然之氣所感動，想擁戴他為王，大叫「讓他做凱撒」、「為 Brutus 加冕」等話。因此，Caesar 這題目除了直指他本人外，也有至高權力的意思。

　　在本劇，四個角色因不同理由而爭逐權力：Caesar 希望成為羅馬皇帝；Brutus 想挽救共和制，趕走獨裁者；Cassius 不甘心被 Caesar 欺壓；Antony 為 Caesar 報仇，也為自己的生存奮戰。他們都是羅馬的大人物，各有能力和弱點。在齷齪的政治角力下，人性被扭曲得更醜陋，例如 Caesar 變得更狂妄獨裁、Brutus 逐漸變成另一個凱撒（McMurtry，頁 39）、Cassius 用詭計拉攏 Brutus 入局、Antony 在戰爭中對己方和敵人表現冷血（尤見於第四幕第一場）。這是本劇的主題所在。細想一下，這些有意無意想成為 Caesar 的人，最後的結局如何？當中三人死了，餘下的 Antony 也跟 Octavius 不和。本劇最後的發言人是 Octavius，暗示他才是羅馬共主。最後，四位權力爭逐者一切皆空，這是本劇最深刻、發人深省之處，亦是題目「Caesar」對政治和人性最大的諷刺。

5. 比較閱讀

　　本劇部分課題可以和其他作品比較，如悲劇英雄、政治與人性。其實，莎劇之間的比較已經很豐富。汪義群指出Brutus這個形象的意義：「他幾乎預告下一部悲劇一個不朽的典型人物——哈姆雷特（Hamlet）——的誕生。相繼而來的一系列大悲劇主人公，他們所遭受的挫折、幻滅感、對人生的疑問，以及最後的倒下，正是建立在他們各自內在的悲劇性格上。」（頁7）誠然，讀者非以成敗論英雄，而是探索人物背後的悲喜及矛盾世界。至於《凱撒》和本書前後作品的比較閱讀，有以下兩個例子：

i.《凱撒》與《伊底帕斯王》的悲劇英雄

　　一方面，Brutus具悲劇英雄特質。他和伊底帕斯（Oedipus）一樣，都是品格高貴的領袖。他們都不惜一切，甚至犧牲自己的利益，也要拯救黎民於水火。很多人勸Oedipus不要繼續追查，但他堅持找出真相。因為惟有找出真相，才可以消除瘟疫，解救百姓。結果，他毀掉了自己的家庭，失去榮華富貴。同樣，Brutus為免羅馬百姓受獨裁者的奴役，他甘願放棄安逸的家庭，把自己捲入驚心動魄的陰謀中。最後，家破人亡。這兩人雖死猶榮；他們排除萬難，擇善固執的堅毅和勇氣，令人尊敬。

　　另一方面，Brutus未必是亞里士多德（Aristotle）所定義的「悲劇英雄」（參考本書第二章第37頁）。首先，他加入的反對黨要消滅Caesar的理由，是否真的有說服力？他們害怕Caesar坐大而殺死他，目的是為了保住共和制度，還是為了奪權？Brutus是前者，但他了解其他人的企圖嗎？即使大家目的都是為了共和體制，那麼Brutus有否想過殺死Caesar後的結果？如果沒有預備好政權的交接安排，暗殺Caesar就是魯莽之舉。其次，Brutus面對的憂患也是他自招的，不像Oedipus面對命運加諸於他身上的種種災禍。Oedipus無法選擇自己的命運，但Brutus可以。Brutus的困境和最後的失敗，與其性格、理念、才能有莫大的關係，不能怪罪任何人。

ii.《凱撒》與《動物農莊》的政治與人性

　　這一古一今的作品，對政治下的人性都有深刻的洞察。政治本為莊嚴的治國之事，但由於涉及權力和利益，影響深遠，所以亦是極端考驗人性善惡的場所。善者，仁人志士為崇高的理念拋頭顱、灑熱血；惡者，眾人不惜代價，只為爭奪權力帶來的諸多好處，如名位、財色等，盡顯人性的醜陋。以戰爭動亂為經緯的中外歷史，好像都說明仁者少而惡者多。有歷史學者甚至直言「政治是人性之惡的表現」（王世宗，頁2），令人深懷戒懼。

　　首先是領袖的腐化。不論是《凱撒》的Caesar或元老院大將，還是《動物農莊》的拿破崙或其他豬隻，他們的共通點大概是：領袖變得狂妄、殘酷、詭詐，為追求和鞏固權力，不擇手段。他們總以自己的利益為依歸，堅持自己的看法，罔顧後果。政治學者Blaug從認知心理學的角度，研究權力如何導致腐化的課題時，指出統治者變化的重要徵狀是自我膨脹（self-inflation）：益發自信、自戀、任意妄為（頁104）。他把自己等同機構組織，認為擁有組織的一切是理所當然的。當權者甚至鄙視從屬，對他們失去人情和同理心。

　　其次，一方漸強而另一方漸弱的情況下，我們看到民眾的腐化。當領袖以自我認知取代組織，民眾就放棄認知，把思想交給領袖，並且逐漸增強揣摩領袖的需要，那是説，內化自己的無能。此消彼長下，不單拉開兩者的距離，而且形成前者取代後者的方向（Blaug，頁4、104）。故此，我們不難理解《凱撒》和《動物農莊》出現的民眾面貌：為虎作倀和卑屈順從。《凱撒》的群眾膚淺、非理性、善變，容易受政客迷惑和煽動。羅馬城的動亂禍及無辜，群眾本身也是元凶之一。《動物農莊》的九頭惡犬和尖叫者（Squealer）都依從領袖，欺壓弱者。另一些動物因為恐懼、冷漠、無知，任由在上者控制自己的生命。

　　人性畢竟是複雜的，作家看到人性乃善惡相生。《動物農莊》在狂妄和愚昧的動物中，仍有慈祥的母馬幸運草（Clover）保護弱小、哀憐橫死的動物，並勸告拳擊手（Boxer）不要過於操勞；善良的Boxer，辛勤奉獻，可惜過於笨拙，被統治者利用也不自知；驢子班傑明（Benjamin）沒有盲從，亦愛護朋友，但他獨善其身，沒有積極發聲，幫助其他動物抗衡領袖對他們身心的欺壓。相較之下，《凱撒》中呈現善良的意識較《動物農莊》為多。在險惡的政治和爾虞我詐的政客中，我們看到Brutus及其妻Portia的高尚品格。Portia真切關懷丈夫，勇敢與他一起承擔憂慮和痛苦。至於Brutus，我們曾經分析他作為領袖，有自以為是的弱點。但整體而言，他是磊落、仁義的漢子，贏得同袍和敵人的尊重。最值得注意的是，他沒有讓惡念完全控制自己，反而多次在善惡中掙扎：例如：「卡修斯，你要我在自身中尋找那並不屬於我的品質，是想引導我到甚麼危險的境地？」（頁27）、「在最初的衝動和開始著手去幹一件可怕行動之間，是一段難熬的時間，像是置身幻境，又像是做一場噩夢」（頁50）。他深信刺殺Caesar的正義，但也明白政變背後，存在許多他看不透的可怕動機和後果。這抉擇實在艱難，因為Caesar待他好，信任他。若刺殺Caesar，就等於背叛，是對上司、朋友不忠；若退縮，就有負人民的期望，讓他們陷於水深火熱。無論作哪個決定，他都會賠上聲譽，受良心譴責。最後，他選擇大公，犧牲小我。不幸的是，他參與政變，未見其利先見其弊，百姓飽受戰爭暴亂的禍害。但莎士比亞不以成敗論英雄，他仍讓我們在Brutus身上體會到堅持良知、勇氣、盡忠的高貴心靈。

　　然而，綜合兩部作品，可見善意在鋪天蓋地的人性惡念中，畢竟過於微弱。動物在高壓和遺忘中，仍然過著畏縮的日子；羅馬在 Antony 派取勝後，彷彿重建秩序，但領袖間暗藏玄機的對白，如 Octavius 在結尾部分自稱「我」，而非「我們」，似乎預示另一場即將來臨的權力血腥風暴。

六、總結

　　由於《凱撒》的篇幅較短，加上故事脈絡較易掌握，十分適合作為莎劇入門者的讀本。教學上，宜由淺入深，先讓學生掌握文藝復興和羅馬的政制背景、情節大要和四位主角的性格。然後以討論、朗讀、戲劇等方式，深入發掘作者背後豐富的意象，以及兩大角色演說的涵義。最後歸結作品的兩個主題：（1）反映政治角力下人性的善惡；（2）權力爭逐的虛幻。其實每部莎劇都有數之不盡的教學元素，老師要開放討論空間，例如筆者的學生，曾經在文學日誌中表示 Caesar 也有溫柔的一面，如第一幕第二場 Caesar 希望有兒子，以及他向 Antony 坦承自己的左耳失聰。這些想法是筆者從未想過的，頗有新鮮感。同時，筆者也想到，即使是掌權者，也有不為人知或流露人性的一面。另外，筆者也鼓勵學生一面聆聽英文廣播劇，一面閱讀原著，以掌握原著語文的聲情之美。不論遊走翻譯世界和原文世界，或者學生自行編撰《凱撒》的朗讀劇場、獨白劇，都能豐富學習者文學和人生的心靈。

七、推薦閱讀

梁實秋譯。《朱利阿斯‧西撒》。臺北：文星，1964。

彭鏡禧編。《發現莎士比亞：臺灣莎學論述選集》。臺北：貓頭鷹，2004。

王世宗。《必然之惡：文明觀點下的政治問題》。臺北：三民書局，2011。

汪義群譯。《居里厄斯‧凱撒》。《新莎士比亞全集》。臺北：木馬文化，2004。

吳小琪。〈文藝復興時代的文學〉。載於《西洋文學發展概述》。何欣編。臺北：中央文物供應社，1983。頁43–47。

朱生豪譯。《凱撒遇弒記》。1944。臺北：世界書局，1996。

Blaug, Ricardo. *How Power Corrupts: Cognition and Democracy in Organisations*. Hampshire: Palgrave Macmillan, 2012.

Clemen, Wolfgang. *The Development of Shakespeare's Imagery*. 1951. London: Methuen, 1977.

Elloway, David. *Macmillan Master Guides: Julius Caesar*. Hampshire: Macmillan, 1986.

Heilman, Robert Bechtold. *Magic in the Web: Action and Language in Othello*. 1956. Lexington: University of Kentucky Press, 2015.〔強調意象分析須納入戲劇整體結構中〕

McMurtry, Jo. *Julius Caesar: A Guide to the Play*. London: Greenwood, 1998.

Shakespeare, William. *Julius Caesar*. Ed. Arthur Humphreys. Oxford World's Classics. Oxford: Oxford University Press, 1984.

Spurgeon, Caroline. *Shakespeare's Imagery and What It Tells Us*. 1935. Cambridge: Cambridge UP, 1987.

附錄一：文藝復興與莎士比亞（參看本章第54頁）

　　文藝復興乃橫跨十四世紀末至十七世紀初，歷時三百年間西方的文化復興運動。歐洲人擬掙脫中世紀宗教文化的束縛，重尋古希臘羅馬文化之美。這復興運動的中心始於意大利。文藝復興期間的人多才多藝，盡展一己所長，如達文西（Leonardo da Vinci, 1452–1519）、米開朗基羅（Michelangelo Buonarroti, 1475–1564）等藝術家。吳小琪指出：「文藝復興的時代精神是樂觀進取，充滿信心而努力不懈。此一時代深信觀察、實驗的結果，追求進步，懷疑舊有的方式，而為創新做不斷的努力。從前靜態、保守的中世紀文明，表現在文藝上的特徵是：滿於現狀，缺乏遠見而了無生氣。相反，文藝復興時代的特色，在於重視個人性，以及獨立自主的人本主義思想，堅信人應盡量發揮一己之長，並享受現世生活的情趣，嘗試豐富而多采多姿的人生和社會體驗。」（頁45）重視「人」，強調其能力，就像《哈姆雷特》的王子般才華橫溢，正是文藝復興時期人物的寫照。

　　這時期著名的作品包括：意大利馬基維利（Niccolo Machiavelli, 1469–1527）的《君王論》（*The Prince*）、法國蒙田（Michel de Montaigne, 1533–1592）的《散文》（*Essays*）、西班牙塞萬提斯（Miguel de Cervantes Saavedra, 1547–1616）的《唐吉軻德傳》（*Don Quixote*）、英國史賓沙（Edmund Spenser, 1552–1599）的《仙后》（*The Faerie Queene*）等。莎士比亞可謂文藝復興的集大成者，但我們也不能忘記中世紀文學對他的影響，譬如莎劇裡的基督教思想。因此，莎劇可說是中世紀和文藝復興的結晶。

　　其實，莎士比亞不單是劇作家，還是詩人、演員和劇院負責人。他在倫敦發展自己的戲劇事業，時值英女皇伊利沙伯一世（Elizabeth I, 1558–1603 在位）統治下的鼎盛期。莎士比亞一生共創作三十七部戲劇，其創作分期大致如下（吳小琪，頁74）：

- 嘗試期（1590–1594）有歷史劇，如《亨利六世》、《理查三世》和喜劇《錯中錯》、《馴悍記》。
- 成熟期（1595–1600）除了歷史劇如《亨利四世》、《亨利五世》、喜劇《仲夏夜之夢》、《威尼斯商人》外，還有悲劇《羅密歐與茱麗葉》、《凱撒》。
- 高峰期（1601–1608），有四大悲劇《哈姆雷特》、《奧賽羅》、《李爾王》、《馬克白》和喜劇《終成眷屬》。
- 終結期（1609–1613）有歷史劇《亨利八世》和傳奇劇《辛白林》、《冬天的故事》、《暴風雨》。

附錄二：人物自我分析（參看本章第59頁）

自我分析	觀眾評價
Caesar	– 他是你心目中的英雄，還是獨裁者？ – 你認為他的性格有何優點和缺點？ – 他的死對羅馬有利嗎？ – 權力是否令人腐化？ – 你為他的死歡呼嗎？
Brutus	– 他配稱為本作品的悲劇英雄嗎？ – 他的品格高貴嗎？你認同他的價值觀嗎？ – 他有甚麼弱點？他適合做政治人物嗎？ – 他是好丈夫、值得結交的好朋友嗎？ – 能否以成敗論英雄？
Antony	– 他是大玩家、復仇者，還是權術家？ – 你認為他對Caesar的感情如何？ – 成則為王，敗則為寇。你認為在才、德、智、勇這幾方面，Antony是否勝過Brutus？
Cassius	– 他策動叛變，你認為他是壞人嗎？ – 為甚麼他憎恨Caesar，卻讚美Brutus？ – 你怎樣看他與Brutus的友情？

附錄三：廣場演說分析（參看本章第60頁）

	甲組（Brutus）	乙組（Antony）
理據（logos）：道理堅實、游說有力	– Caesar想做王，剝奪羅馬人的自由 – 群眾有理智和智慧	– 善事隨死者入土為安 – 以三個理由反駁説Caesar沒有野心 – Caesar的死是羅馬的損失 – 對群眾誘之以利
情感（pathos）：激動群眾的心，甚至驅使他們行動	– 愛Caesar，但更愛羅馬；大家都是愛羅馬的 – 如果羅馬要我死，我可以自殺	– 反駁之餘，力讚對手高貴 – 自己的心傷透，Caesar是我的朋友 – 以各樣實物（Caesar的遺體和衣服），煽動群眾的悲情 – Caesar愛你們
道德（ethos）：令人覺得演説者可靠、動機良好	– 我以名譽擔保 – 如果我做錯，可以隨時取我的命 – 合理評價Caesar的功績，尊重他 – 允許Antony演講，是君子所為	– 自己沒有煽動之心，只是據理力爭 – 聲稱尊重Brutus – 自己卑微，只會實話實説 – 愛Caesar
修辭（rhetoric）：用詞巧妙、語氣恰當；既鞏固自己立場，亦能打擊對手	– 設問 – 排比 – 格言雋語，一針見血 – 散文句式鋪排，條理分明	– 反話 – 雙關語 – 不斷重複 – 意象豐富、感情充沛 – 懸念，引起群眾對遺囑內容的興趣

附錄四：《凱撒》格言雋語（參看本章第58頁）

1. 微賤是野心的階梯。（2.1）by Brutus
    Lowliness is young ambition's ladder.

2. 在最初的衝動和開始著手去幹一件可怕的行動之間，是一段難熬的時間，像是置身幻覺，又像是做一場噩夢。（2.1）by Brutus
    Between the acting of a dreadful thing and the first motion, all the interim is like a phantasma or a hideous dream.

3. 獨角獸受騙於樹林，熊受騙於鏡子，象受騙於陷阱，獅受騙於羅網，而人受騙於諂媚。（2.1）by Decius
    Unicorns may be betrayed with trees, and bears with glasses, elephants with holes, lions with toils, and men with flatterers.

4. 懦夫在臨死前，已經死亡過好多次。勇士一生卻只嘗到一次死的滋味。（2.2）by Caesar
    Cowards die many times before their deaths; the valiant never taste of death but once.

5. 我有一顆男人的心，卻只有女人的能力。（2.4）by Portia
    I have a man's mind, but a woman's might.

6. 我卻像北極星一樣堅定。（3.1）by Caesar
    But I am constant as the northern star.

7. 不是我不愛凱撒，而是我更愛羅馬。（3.2）by Brutus
    Not that I loved Caesar less, but that I loved Rome more.

8. 這是最最無情的一刀。（3.2）by Antony
    This was the most unkindest cut of all.

9. 當感情日久生厭走向衰退時，就用得著那些勉強的客套了。（4.2）by Brutus
    When love begins to sicken and decay, it useth an enforcèd ceremony.

10. 理由雖好，但遇到更好的理由還是得放棄。（4.3）by Brutus
    Good reasons must of force give place to betteri

第**5**章

《馬克白》(*Macbeth*)

本章繼續推介莎士比亞另一部作品《馬克白》。此作屬於莎士比亞的四大悲劇之一，大概於1606年寫成。這戲劇和其他莎翁的作品一樣，深刻發掘人性，但不同處是它涉及《聖經》所說的「罪」——基督教教義一個核心課題。那不是說，我們要從基督教角度切入分析《馬克白》，而是說莎士比亞觀察到人性有這陰暗的性質。

以多元系統立論，本章除中國文學、英國文學外，還結連權力爭奪的政治、英格蘭與蘇格蘭歷史、文化宗教、戲劇藝術等系統，希望學生以寬廣的視野，看這悲劇背後的人性面貌。

一、譯本

本書採用方平翻譯的《麥克貝斯》版本。彭鏡禧指出，方平主編《新莎士比亞全集》採用「音組」的觀念，把劇中的無韻體詩行翻譯成有節奏的語體中文（頁324）。此外，這譯本也有版本校勘和取材來源考證，內容豐富，文筆流暢，惟可略為修正幾個地方：

方平翻譯版本	本書修訂	原文
1. 禍即是福，福即是禍（1.1，頁21）	福即是禍，禍即是福	Fair is foul, and foul is fair.
2. 狼狽為奸；還是蓄意謀反，雙方面他都有份（1.3，頁32）	狼狽為奸；也可能雙方面他都有份	Or did line the rebel with hidden help / And vantage; or that with both he laboured
3. 騷亂了眼前的恐怖——那黑夜的陰森。我儘管在這兒威脅，他還是不死；單說不幹，那只是吹幾口冷氣（2.1，頁54）	破壞眼前的恐怖——那黑夜的寂靜陰森。我儘管在這兒威脅，他還是活著；單說不幹，那只是在行動的熱氣上吹幾口冷氣而已。	And take the present horror from the time / Which now suits with it. Whiles I threat, he lives; / Words to the heat of deeds too cold breath gives.
4. 咱們用不到不放心他了（3.3，頁91）	我們可以不必懷疑他	He needs not our mistrust
5. 圍繞在老人家身邊的本來應該是尊敬、愛戴、孝順，親人和朋友……這些我都不用指望了；代替這一切，只有詛咒——聲音不大，可就得凶；當面的奉承，以及口頭不敢不說的違心之論（5.3，頁145）	圍繞在老人家身邊的本來應該是尊敬、愛戴、恭順、成群的朋友……這些我都不用指望了；代替這一切的，只有低沉而深刻的詛咒、當面的奉承，以及口頭不敢不說的違心之論。	And that which should accompany old age, / As honour, love, obedience, troops of friends, / I must not look to have — but in their stead / Curses, not loud but deep, mouth-honour, breath / Which the poor heart would fain deny, and dare not.
6. 明天——又明天——又是一個明天（5.5，頁151）	明天——明天——又明天	Tomorrow, and tomorrow, and tomorrow

　　學生也可參考早期梁實秋和朱生豪的譯本：前者運用散文之筆；後者則較通暢易解。另外，呂健忠版的《馬克白》重視「以詩譯詩」的方式，且逐行註釋。至於本書的英文版，可參看 The Oxford Shakespeare 的 *The Tragedy of Macbeth*。

二、教學重點

　　內容上，學生要掌握本劇所強調罪惡的形成、經過、代價。探索這個問題時，不單要觀察別人，也要省察自己。

　　藝術上，學生掌握何謂戲劇衝突、戲劇高潮、人物與場景的平行對照、意象運用等技巧，而這些技巧又如何配合主題。

三、教學方法

1. 劇場遊戲

老師可在課前或課堂中加插一些富趣味的劇場遊戲（theatre games），作為熱身或引起動機，如「捉迷藏」（blindman's buff）、「眨眼殺人」（wink murder）。

「捉迷藏」遊戲有兩個環節。首環節要找一個學生蒙上眼睛，另一個學生從旁以不同的距離和聲調，三次對前者說：「Macbeth，恭喜你，你快要做國王了！」前者不必回答，他只想抓住那個發聲的人。次環節同樣要找一個學生蒙上眼睛，另外一人從旁以不同的距離和聲調，三次對前者說：「恭喜你，你將會得到一億元呀！」每次蒙眼者在那人說出那句話後，都要回應，例如說：「真的嗎」、「這實在難以置信，我太高興了」、「為甚麼我會如此好運」。之後，老師訪問蒙眼者的感受。蒙眼者表示，他聽到聲音時，既有些驚喜，但亦感到害怕。老師回應，這情景就如劇中主角馬克白（Macbeth）身為局內人所經歷的惶惑。

另一個劇場遊戲是「眨眼殺人」。老師請學生圍圈，之前他已暗地找一個學生做凶手。然後老師向眾人指示：

> 如果待會有人向你眨眼，你就要死，但不能說出眨眼者是誰。同時，死的
> 動作要盡量誇張，讓眾人知道你已經死了。然後死者自行走出圈外。

活動開始，老師扮演城堡主人，向眾人說：「我是城堡的主人，今晚宴請大家，希望各位嘉賓盡歡。」主人請嘉賓享用美酒美食，不斷做出傳菜和乾杯的動作。主人要盡量多說話，引開觀眾的視線，好讓凶手有機會下手。另外，主人也要製造話題，如告訴眾人可以自由行走，在花園散步或與其他人談話。當有人突然「死亡」時，主人可以請大家保持鎮靜。同時，主人也可暗中下手，扮演第二個凶手，以轉移大家對真正凶手的視線。隨著遊戲進行，「死亡」的人越來越多，到只剩下幾個學生的時候，老師請各人猜猜誰是凶手。最後，老師帶出遊戲的意義，那就是：在歡樂的場合，可能暗藏禍患；人生就是如此，禍福難料。

2. 問答比賽

全班學生分為五組，盡力搶答問題。《馬克白》有五幕，每幕有八條問題，合計四十條（見附錄一）。老師在每幕給與一個標題。

這個活動的目的是讓學生掌握每幕的細節，因此老師不單要發問，也要串連事件。同時，老師不要輕易説出事件背後的意義，讓學生自行探索、分析。學生也要評估，自己有否完全理解或漏掉書中一些情節。

3. 分組朗讀獨白

本劇的主角 Macbeth 有八次重要的獨白（見附錄二）。學生分組朗讀獨白，務求代入 Macbeth 的感情，掌握其受誘惑、掙扎、越陷越深的犯罪心路歷程。

4. 續演故事

課末總結時，老師設計一個場景，要求各組續演。從學生對內容的演繹和發揮，老師可以評估學生能否掌握《馬克白》這個戲劇的主題。

5. 播放話劇、戲曲、電影片段

古今中外，改編 Macbeth 的戲劇藝術不計其數，例如：(i) 話劇：李健吾的《王德明》(1945)；(ii) 戲曲：《血手記》(崑劇，1986)、《欲望城國》(京劇，1987)、《英雄叛國》(粵劇，1996)；(iii) 電影：威爾斯的《馬克白》(1948)、黑澤明的《蜘蛛巢城》(1957)、波蘭斯基的《馬克白》(1971)。阮秀莉曾經細緻地分析過這三部電影。老師可以播放波蘭斯基的《馬克白》末段，即 Macbeth 的「明天獨白」(第五幕第五場)，讓學生觀摩。這些都是豐富的跨媒體、跨文化創意交流，展現藝術家不同的演繹。

四、教學過程

1. 掌握人物關係和情節重點

劇場遊戲結束後，老師詢問學生劇中人物的關係，然後在黑板以圖表略為整理。這個活動可初步評估學生的閱讀情況。然後，藉問答比賽，讓學生掌握每一幕的重點。

第一幕：預言（頁 20–50）

> 學生能夠掌握：（1）開場的伏筆和善惡價值顛倒；（2）誘惑剛出現時，人內心的激盪。

正如上章指出，莎劇的開場已為這戲劇的方向定調，至關重要。例如第一場戲，無論在時間、地點、人物、天氣方面，都充滿陰森氣氛。老師請學生注意「福即是禍，禍即是福」（"Fair is foul and foul is fair"）這句話，以英文高聲朗讀三次，朗讀的語調要越來越「邪惡」。此外，Macbeth 出場的首句「從未見過如此好又如此壞的一天」也呼應此句。相似的語句，自然讓讀者聯想到兩者的關係。

Macbeth 功勞顯赫，為蘇格蘭王剪除三個強敵，勇冠三軍。女巫的三個預言應驗了兩個，令 Macbeth 為之心動，覺得自己有機會成為國王，於是開始盤算利害得失。但最關鍵的是，國王竟然在慶功宴上宣佈立自己的長子瑪爾康（Malcolm）為儲君。換言之，Macbeth 稱王的機會給堵住了。很多學生都無法掌握這一點，老師必須把它指出來。（註：如果學生對中國歷史有興趣，老師不妨介紹一下明朝初期的歷史，就是朱元璋死後，燕王朱棣不服其姪建文帝，起兵叛變那一段歷史。）

這時，國王要住進 Macbeth 的堡壘。Macbeth 的妻子馬克白夫人（Lady Macbeth）心狠手辣，極力慫恿丈夫把握良機暗殺國王。城堡風光如畫，裡面有美酒佳餚，卻住了兩個邪惡的主人，如同花下的毒蛇，美即是醜。Macbeth 的內心充滿矛盾，但最後邪念佔了上風。

第二幕：弒君（頁 51–76）

> 學生能夠掌握：（1）Macbeth 內心已無交戰，完全給邪惡佔據；（2）藝術手法「喜劇放鬆」（comic relief）的運用；（3）Lady Macbeth 的狠辣和才能；（4）「凶兆」的意義。

大臣班戈（Banquo）和 Macbeth 同樣聽到女巫對他的預言，但他不以為然。內心無欲念，外在的誘惑就未必奏效；Macbeth 和 Banquo 是明顯的對照。Macbeth 心緒不寧，但也斷然下手殺國王。他知道此後自己再也不能安睡。Lady Macbeth 見丈夫手執凶刀，責怪他不小心，於是把刀搶過來，到現場把刀放在喝醉熟睡的國王衛兵身旁。就在這時，傳來叩門聲。

　　守門人喝醉的一幕 (The drunken porter scene) 是著名「喜劇放鬆」場景的例子。為何要在悲劇的緊急關頭加插看似鬧劇的場面？作家希望觀眾能夠放鬆情緒，使他們冷不防迎接隨後出現的恐怖場景。由於觀眾已經放下戒心，所以緊接的悲劇場景令他們十分驚恐。其次，守門人表面上胡言亂語，實則不然。他說自己守著地獄門，只會給做壞事的、背叛的、貪婪的人進來。這樣的説法充滿寓意：Macbeth 夫婦何嘗不是這類人？這個充滿陰謀殺機的城堡，又何嘗不是地獄？

　　破曉時分，麥克德夫 (Macduff) 和一群大臣叩門，然後發現國王死亡。Macbeth 夫婦假裝不知情。當有人責怪 Macbeth 衝動殺死國王衛兵的時候，Lady Macbeth 佯裝暈倒，把事情蒙混過去，可見她有急才。大王子 Malcolm 和其弟杜納班 (Donalbain) 知道這是 Macbeth 的陰謀，於是連夜逃亡出國，Macbeth 乘機誣衊他們謀殺父王。就在這時，有老人看見城堡外出現異狀：黑夜長期籠罩大地、吃田鼠的貓頭鷹飛上高岩把雄鷹啄死、國王的駿馬失控。這些都是莎士比亞慣用的手法，就是天生異象，人間有大變，尤其是邪惡當道。

第三幕：登基 (頁 77–107)

> 學生能夠掌握：(1) Macbeth 陷進罪惡深淵，失去安寧；(2) 戲劇高潮。

　　表面上，Macbeth 已經成功達成目標，風風光光登上國王的寶座；實質上，他為此付出沉重的代價。

　　他要永遠戴上面具做人，不能説出真相。害人者寢食不安、睡不穩 (頁 102)。更要命的是，他已把靈魂賣給魔鬼，墮進罪的深淵，變得越來越凶殘。女巫曾説 Banquo 的後裔會作王，於是 Macbeth 派刺客暗殺 Banquo 父子，幸好 Banquo 之子弗利安斯 (Fleance) 逃脱。另外，Macbeth 開始想對付 Macduff，因為 Macduff 既沒參加他的登基大典，也沒有出席宴會。

　　本劇的高潮在第三幕第四場，正當 Macbeth 夫婦大宴群臣之際，Macbeth 在席上兩次見到 Banquo 的鬼魂，嚇得他魂飛魄散，並洩露了殺人的口風。Lady Macbeth 見情勢不對，立刻結束宴會。鬼魂出現帶出舞臺的恐怖效果，但更重要的是，這反映 Macbeth 犯罪後潛藏的恐懼，他變得疑神疑鬼，沒有內心的平靜。於是 Macbeth 的順逆之境開始出現變化。

第四幕：殺盡（頁 108–36）

> 學生能夠掌握：（1）Macbeth 邪惡至極，已到喪盡天良的地步；（2）
> 魔鬼的語言半真半假，把人套得更牢。

　　這一幕的 Macbeth 邪惡至極。之前的殺戮可視作醜陋的政治權力鬥爭；現在 Macbeth 竟然連婦孺也不放過，可謂喪盡天良。

　　第一幕是 Macbeth 遇上女巫；這次是 Macbeth 主動尋找女巫。剛過去的三件事，即 Fleance 逃脫、Banquo 的鬼魂出現、Macduff 與他作對，令 Macbeth 感到危險和不安。於是，他尋求女巫的幫助。女巫讓 Macbeth 看到四個幽靈：第一個是戴頭盔的人，面目模糊，那就是將來的 Macbeth，因為女巫叫他留心 Macduff；但 Macbeth 認不出自己。第二個幽靈是血淋淋的嬰兒，那就是 Macduff，因為女巫說凡女人生的，都不能傷害 Macbeth。第三個幽靈是戴皇冠的孩子，那就是 Malcolm，因為女巫說無人可打敗 Macbeth，除非勃南（Biram）森林移動。第四個幽靈是 Banquo，他站在八個狀似國王的幽靈後。這是 Macbeth 唯一認出的幽靈。

　　女巫、魔鬼或罪惡總給人半真半假的感覺。第一個幽靈，Macbeth 視為善意的提醒。第二、第三個幽靈，令 Macbeth 狂喜，他覺得自己無敵，加深了肆無忌憚作惡的心。這是魔鬼的甜頭，不斷把人拉進罪惡的深淵。第四個幽靈卻令 Macbeth 痛苦，因為這正是他的心結。但這反而加深 Macbeth 的憤怒和仇恨，甚至不惜對抗命運，誓要斬草除根，以保自己的權位。

　　女巫事件後，Macbeth 立刻派人殺害 Macduff 全家。幸好 Macduff 之前已逃往英格蘭，但他的妻兒卻不幸慘遭毒手。Macduff 投奔大王子 Malcolm，後來當知道自己全家滅門，他悲哀、憤怒、自責，誓要殺死 Macbeth 報復。這裡要注意的是，莎士比亞塑造人物十分立體，即使是主角 Macduff，亦非毫無缺點，例如他只顧自己逃命，沒妥善安置家人；Macduff 的兒子只出現一場，是個小配角，描寫卻很生動。表面上他像天真無知的小兒，與母親說傻話，但在死亡面前卻顯得高貴勇敢。他不單斥責刺客，還催促母親趕快逃走。莎士比亞筆下的人物和感情深度，於此可見一斑。

第五幕：敗亡（頁 137–61）

學生能夠掌握：（1）Macbeth 夫婦犯罪後內心折磨；（2）Macbeth 的
絕望心態。

　　罪的代價不單落在 Macbeth 身上，也在其妻 Lady Macbeth 身上。Lady
Macbeth 的行為變得怪異，她睡不安寧，害怕黑暗，常常拿著蠟燭夢遊。另外，
她又不停洗手，彷彿想除去纏繞自己的罪惡。旁人慨歎，做了違反天理的事，
招致精神錯亂，這就是報應。得著富貴繁華又有何用？

　　這時，Malcolm 率領英格蘭大軍，攻打 Macbeth 的城堡。Macbeth 大驚，失
去以往作戰的信心，但仍竭力頑抗，又慨歎應該屬於自己的好東西都慢慢消逝
（頁 145）。後來，Macbeth 聽到妻子的死訊，就更感絕望。那段正是有名的「明
天獨白」（The tomorrow monologue），道出了他的心聲。這時，他覺得空虛、痛
苦，其獨白以五個意象點出人生的虛幻、短暫、無聊。他知道自己再沒有明天。

　　接著，他看見勃南森林恍似移動。其實這是 Malcolm 的計謀，他命每個士
兵手上拿著樹枝，壯大聲勢，令敵方難辨虛實。此時，Macbeth 想到女巫之言，
覺得自己大勢已去，內心恐懼。最後，他才明白魔鬼的話模棱兩可，並不可
靠，但為時已晚。Macbeth 倉惶下開城出戰，遇上 Macduff。Macbeth 垂死掙扎，
還以為無人可以傷害自己。但 Macduff 說自己乃不足月的孩子，是從母腹剖出來
的。這時，Macbeth 完全明白魔鬼的哄騙。在心慌意亂下，他被 Macduff 殺死了。

2. 分組朗讀獨白

　　老師派發工作紙（參看附錄二），指出 Macbeth 有八次重要的獨白。同學可
分為五組，每組負責一至兩段獨白：

第一組：獨白 1、2
第二組：獨白 3
第三組：獨白 4
第四組：獨白 5、6
第五組：獨白 7、8

　　學生準備朗讀時，首先要分段掌握獨白的意思，然後組員自行協調，因應
內容以不同方式朗讀，如獨誦、分兩邊作對比、或齊聲朗讀以加強力量。學生

要注意感情、聲量、節奏等朗讀技巧。每次演出後，老師會訪問學生，請學生指出 Macbeth 在這階段的所思所感。整個過程中，老師的前後串連十分重要。

最後，邀請學生總結 Macbeth 整個犯罪的心路歷程：外在的誘惑勾起內心的欲望，於是不斷盤算得失。最初他的良心也有交戰，初時邪念佔上風，後來善念不斷提醒他，惟最後仍然給「野心」主宰一切。殺人之時，他的內心已沒有交戰，只剩下凶念和殺機。Macbeth 的內心曾經閃過殺人的後果，那就是心緒不寧、睡眠受侵擾；但這亦無阻其行凶決心。Macbeth 終於殺了人，但成功的喜悅遠不及內心的焦慮，他說自己喪盡天良（頁80），陷進罪惡深淵。漸漸，他更給魔鬼佔據內心，變得心狠手辣，連婦孺都不放過。及後敵人反擊，眾叛親離，Macbeth 開始恐懼，感到悲涼，但他知道無法回頭，故仍決心放手一搏。最終他聽到妻子死訊後，內心感到絕望，認為人生毫無意義，一切盡皆空虛。

3. 續演故事

這是後期課堂活動。全班分為五組，每組綵排約8分鐘後，演出一個2分鐘的短劇。各組可以發揮自己的想像情節。故事處境由老師提供：

> 風雪夜，Malcolm 的弟弟 Donalbain 自愛爾蘭回來，他經過一個森林，就是 Macbeth 當年碰到女巫的那個森林⋯⋯

這活動的靈感來自波蘭斯基 (Polanski) 導演的電影。他在電影結束時候加插這幕，頗見心思。這活動的意義是，讓學生思考邪惡 (evil) 無處不在，也是生生不息的。它存在於每個人的內心。那麼，人面對誘惑時，為善為惡，就在一念之間的決定。因此，我們要引以為鑑，常常警惕罪惡。

學生的演出也能達到這個目標。每組的重點不同：有組別是 Donalbain 受了女巫的誘惑和妻子的唆擺，向兄長奪權，最後兩敗俱傷；有組別側重 Donalbain 與兄長的友愛，為此放棄名利。老師提醒學生以下幾點：(i) 故事須完整，不要只著眼於森林一幕，而沒有交代下文；(ii) 不要以旁白取代演員的直接對話，因為前者只需要演員跟從旁白做動作，不夠逼真；(iii) 學生不要抱嬉戲玩樂的態度，要嚴肅演出，對短劇的主題深思熟慮。學生對這個活動的反應普遍熱烈，認為可讓他們綜合所學，並加深對作品的思考。

五、深入討論

每部莎劇都博大精深，可供討論的課題甚多。本書選擇其中三個來討論：

1. 女巫有何寓意？

如上文所說，女巫出現兩次（第一幕第一場，第四幕第一場）。兩者有某種平行對照：前者是 Macbeth 偶遇女巫；後者是 Macbeth 主動尋找女巫。老師可把學生分為五組，讓各組提出見解。

表面看來，女巫是外在誘惑。她預言 Macbeth 將成為蘇格蘭王，其實這也是客觀形勢。Macbeth 身為王親（國王的表兄弟），又是大將，功勳顯赫。如果蘇格蘭國王鄧肯（Duncan）離世，他有機會登基為王。霎時間，Macbeth 心癢難揉，充滿盤算與交戰。其實 Banquo 也同時聽到女巫預言，他的後裔會作王，但他對預言不為所動。由此可見，女巫不單是外在的誘惑，還有另一層的意思。

女巫亦是內心的欲望。第一幕女巫的出現，襯托 Macbeth 內心的欲望；當人大獲成功時，勝利或會沖昏頭腦，令他洋洋得意。但冊立儲君一事，卻打擊了 Macbeth 的雄心，刺激欲念變為邪念，結果越陷越深。因此，第四幕 Macbeth 主動找女巫是反映其邪惡內心。那四個幽靈實則折射 Macbeth 的意識：他的盲點、隱痛、驕傲、自信等心理狀態。

更深刻的是，女巫反映誘惑、邪惡的本質。它半真半假、模棱兩可，令人容易相信，例如第四個幽靈似乎指向某些真實的狀況；同時邪惡又給人一些「好處」，如第二、第三個幽靈就帶來「喜訊」，分外吸引人。人若因此把持不住，就容易墮入陷阱。像這個劇的重要句子和提醒——「福即是禍、禍即是福」，意思就是留心那些看似美麗，實質邪惡的東西。老師建議學生，比較這環節與伊甸園蛇誘惑人的那一幕（參考第一章《聖經》第 19 頁）。

最後，Macbeth 明白這魔鬼的可怕：「那魔鬼吐露的模棱兩可的話，把謊言充真理」（頁 152）、「他們用模棱兩可的話哄你，叫你聽了，滿是希望；可又叫你眼看希望破滅了」（頁 157）。但醒悟來得太遲，Macbeth 已走到人生末路。

2. Lady Macbeth 在 Macbeth 墮落的悲劇裡，扮演怎樣的角色？

Lady Macbeth 一角在本劇極為吃重，僅次於 Macbeth，甚至可視作與 Macbeth 緊扣一起的共同體。她出現於全劇，除了第四幕。第四幕出現的女性，正好和 Lady Macbeth 作平行對照，進一步突出 Lady Macbeth 的性格。

如果把 Lady Macbeth 這角色分為前、中、後三個階段，第一、第二幕可稱為前期。Lady Macbeth 與丈夫相比，為人更剛強、決斷、心狠手辣。初時 Macbeth 還猶豫不決，甚至想過放棄篡位的念頭，但 Lady Macbeth 不斷慫恿丈夫，甚至責怪他軟弱（頁 40、48）。Lady Macbeth 像文藝復興時期 Machiavelli 這類人物，為求目的，不擇手段。Lady Macbeth 曾說，為使陰謀成功，寧可不做女

人、放棄良知（頁41）。她不單鼓勵、支持Macbeth去做，連自己也參與其中，如她把凶刀放在衛兵身旁。這個女人具膽色和謀略。相比之下，征戰沙場的大將Macbeth還不如妻子那麼狠毒。

第三幕，Lady Macbeth已貴為王后，這階段可稱為中期。她是得體的女主人，招呼宴會賓客周到。這是Macbeth夫婦最風光的時刻，誰知就在這時，人生逆轉，Banquo的鬼魂出現。Macbeth驚惶失措，但Lady Macbeth鎮定應付，立刻解散宴會，以免Macbeth失儀，洩露更多真相（頁101）。無論身處順境或逆境，Lady Macbeth都緊緊站在丈夫身旁支持他、安慰他、幫助他。她是丈夫的親密夥伴和引導者，因此Macbeth的得失，她同樣有份。

第五幕是Lady Macbeth的末路，稱為後期。這時，Lady Macbeth和丈夫一樣，飽受罪的折磨。她為殺人感到不安，卻無後悔之意，她曾說：「事情做了，就收不回」（頁141），可見其心腸剛硬、至死不悔。因此她的痛苦亦深，最後精神崩潰。書中沒有交代她的死因，但醫生曾暗示女僕要收起惹禍的東西，怕女主人會自殘。因此，Lady Macbeth或在夢遊中受傷，或自殺而死。無論如何，Lady Macbeth是Macbeth的同謀，一同承擔罪的代價。

與她平行對照的，是在第四幕出現的麥克德夫夫人（Lady Macduff）。她出場不多，但極有個性。Macduff不依附Macbeth，逃離蘇格蘭，一方面為了個人安危，另一方面是為了國家前路。他認為大王子Malcolm才能真正領導蘇格蘭。然而，他逃亡就是置家人的安危於不顧，所以Lady Macduff在報信者面前直斥丈夫的不是，說他膽怯、無情。她不會為面子而掩飾丈夫的缺點。從某個角度來說，Macduff的確對妻兒背信棄義。這一點和Macbeth背信棄義弑君，何其相似。及後，刺客將至，Lady Macduff知道大難臨頭，反而勇敢面對說：「作惡的有賞，行善反而招禍；唉，那麼幹嘛我還要婆婆媽媽替自己辯白：說我從沒害過人？」（頁122）Lady Macduff不向命運和人世的不公不義苦苦哀求，她願意面對苦難。更勇敢的是，當刺客要找她丈夫的時候，她亦有尊嚴地維護丈夫名聲，嘲諷刺客卑鄙：「但願他不在那暗無天日的地方，以致讓你這種人找得到！」（頁122）這是光明對黑暗的鄙視。由此可見，Lady Macduff與Lady Macbeth的對比極大。前者雖然是平凡婦女，但不盲從丈夫的看法。她鄙視小人，在危難中亦保持自己的尊嚴；後者雖然很有才幹，但不單沒有規勸丈夫，反而引導他走上邪惡之途。

總結環節，可採用多元聲音（multiple voices of the character）的活動，能夠幫助學生代入Lady Macbeth的心境和性情。首先，學生圍圈，背對圓心，每個人都是Lady Macbeth，要一個接一個，說一句她的心聲，譬如「你真沒用，有夢想都無膽做」、「畏首畏尾算甚麼大丈夫」、「我們不能害怕，想到就去做。要成功就要放膽一搏」、「多麼風光，我們終於有今天的成就，對吧？」。老師可以是其

中一個Lady Macbeth，先聆聽學生的説話。若發現他們只集中在前、中二期，老師可引導他們思想後期Lady Macbeth的心聲，如「啊，我無法睡得安穩，常常發惡夢」、「我要用力洗手，這樣可擦去我內心的不安」。最後，大家一起說自己的臺詞15秒，聲音重疊，象徵Lady Macbeth內心的邪惡和不安如何折磨她，令她痛苦。

注意：如果班上同學能力不高，老師可把圓圈的學生分為三組，每組各自說出Lady Macbeth前、中、後期的心聲，這樣學生較易整理思緒，願意發聲。越多同學發聲，課堂效果越好。

3. 意象有何功能？

意象指有感情、有意義的物象，蘊含豐富的概念。莎劇處處充滿意象，尤其是此劇。Muir指出多組意象，如：嬰兒與奶（象徵善良、同情、憐憫）、疾病與藥（象徵社會的創傷、混亂需要糾正）、光明與黑暗（象徵善與惡）、睡眠（象徵良心安穩）、眼睛與手（象徵看見罪惡與投入罪惡行動）。他説雖然角色不自覺這些意象，觀眾看戲時也沒完全領會這些意象的含意，但由於意象反覆出現，觀眾無形中透過自身對藝術的想像，慢慢吸收，從而豐富整體戲劇的經驗（頁74）。這正是意象的魅力所在。因此，教學也利用這方向發掘作品的深層意義。

開始時，老師可詢問學生以甚麼比喻「生命及其歷程」。各人説出「火車」、「流水」、「成長的植物」、「公路上駕車飛馳」等物事，並略作解釋。

然後，老師把學生分為五組，每組討論意象的涵義及其在戲劇的作用：

i. 眼和手（第一幕第四場，頁38）

兩者分別象徵光明和黑暗。Macbeth説：「星星啊，快收起你的火光，光明見不得我黑暗深處的欲望！眼睛啊，別望這雙手，眼不見為乾淨！」這反映他選擇了後者，邪惡戰勝良心。

ii. 尖刀和催命鐘（第二幕第一場，頁53–55）

兩者象徵殺人、邪惡的凶念。請注意，尖刀的刀柄更順著Macbeth的手，象徵其殺人之心已如箭在弦。催命鐘除表示殺意強烈外，也增加了舞臺的恐怖氣氛。

iii. 血和洗手 (第二幕第二場，頁60–61；第五幕第一場，頁138–41)

兩者分別象徵罪惡和良心受折磨。血象徵惡事，之後人不斷洗手。但外在的行為能夠洗脫罪惡、抹去良知的譴責嗎？

iv. 引向死亡的昨天、燭光、影子 (第五幕第五場，頁151)

象徵短暫的人生。

v. 裝模作樣的演員、傻瓜的說話 (第五幕第五場，頁151)

象徵無聊、空虛的人生。

老師把第五幕第五場「明天獨白」的五個意象與之前同學所談及的「生命」意象比較，就發覺Macbeth這個「成功人士」、權勢顯赫者竟然看生命如此悲觀灰暗，實在令人唏噓不已。

總結而言，意象除了營造舞臺氣氛，也加強戲劇效果。正如陳惇指出，莎士比亞善於把角色的心理化為有形之物，例如Macbeth想殺人時，彷彿看見刀子在牽引他 (頁256、260)，那是表現他邪惡的內心。意象增加觀眾或讀者對角色的了解，以及對現場氣氛的感受，如燭光、影子；舞臺上的光暗層次，能襯托出角色的靈魂。更重要的是，這些意象都指向作品的主題：邪惡看似淹沒良知，主宰一切，但最後，罪的代價反擊，邪惡會節節敗退，人生一切轉眼成空。

六、總結

一個好人——備受尊敬的好人——墮落的故事令讀者深深震驚和暗自警惕，此乃經典作品普遍意義之所在。這部悲劇的重點是「血債要用血還」(頁101)，意思不只是說「壞人」自食其果，惡有惡報。Macbeth夫婦最初並非壞人，他們在社會備受尊崇；誰知一次誘惑，竟然改變整個人生。他們的死亡不單是罪有應得那麼簡單，還包括犯罪帶來的心理折磨。這代價比死亡更加可怕。其次，犯罪不是突如其來的。整個受誘惑的過程充滿角力，令人膽戰心驚。邪惡勾結欲望，更用糖衣包裹，把人拉往黑暗的深處。

本課教學目的，就是讓學生抓住上述兩個方向，故特別採用Macbeth的八次獨白作為小組朗讀主線，讓學生投入主角的心路歷程；並透過處境片段續演，讓學生反思無處不在的誘惑和罪惡。至於討論題，除了發掘Macbeth夫婦與Macduff夫婦的人性外，女巫及其他關鍵的意象都多層次地反映舞臺效果和主題深度。

此外，根據多元系統論，學生可審視不同版本，如原作、中文譯本、中文改編作品（如李健吾的《王德明》）、話劇、改編戲曲的相互關係，以加強對跨媒體、跨文化創意藝術的探索。

七、推薦閱讀

陳惇。〈化有形之物為無形之物：莎士比亞麥克白的心理刻劃〉。載於《陳惇自選集》。張健編。濟南：山東文藝，2007。頁245–64。

陳芳。〈演繹莎劇的崑劇《血手記》〉。載於《莎戲曲：跨文化改編與演繹》。臺北：國立臺灣師範大學，2012。頁169–200。

方平譯。《麥克貝斯》。《新莎士比亞全集》。臺北：木馬文化，2001。

梁實秋譯。《馬克白》。臺北：遠東圖書，1999。

李健吾。《王德明》。載於《李健吾代表作》。北京：華夏，2009。[中文創作版的《馬克白》，寫於1945年]

呂健忠譯。《馬克白》（逐行註釋新譯本）。臺北：書林，1999。

彭鏡禧。〈迎接《新莎士比亞全集》〉。載於《細說莎士比亞論文集》。臺北：國立台灣大學出版中心，2004。頁322–25。

阮秀莉。〈三面馬克白、多重莎士比亞：威爾斯、黑澤明、波蘭斯基的《馬克白》〉。載於《發現莎士比亞：臺灣莎學論述選集》。臺北：貓頭鷹，2000。頁213–34。

朱生豪譯。《馬克白》。臺北：世界書局，2000。

Brooke, Nicholas, ed. *The Tragedy of Macbeth*. Oxford: Oxford UP, 1998.

Doona, John. *A Practical Guide to Shakespeare for the Primary School: 50 Lesson Plans Using Drama*. Abingdon, OX: Routledge, 2012.

Muir, Kenneth. "Image and Symbol in *Macbeth.*" *Aspects of Macbeth*. Ed. Kenneth Muir and Philip Edwards. Cambridge: Cambridge UP, 1980. 66–75.

Winston, Joe. "Year 6: *Macbeth.*" *Drama, Literacy and Moral Education 5–11*. London: Fulton, 2000. 72–92.[建議小學六年級《馬克白》的教案]

附錄一：問答比賽（參看本章第73頁）

共40題。每題答對有兩分，答錯倒扣兩分。扣分制是防止學生胡亂舉手。

第一幕：預言

1. 蘇格蘭王內憂外患，與敵人打仗。他當時面對多少個敵人？三個（麥克杜華、挪威國王、考德勳爵）
2. 開幕時的地點和天氣如何？荒野、雷電交加
3. 功臣馬克白除了是大將外，他與國王還有甚麼特殊的關係？王親
4. 為甚麼女巫預言後，國王使者的出現會令馬克白大吃一驚？三個預言，應驗了兩個
5. 國王眼中，馬克白是個怎樣的人？試說出兩個形容詞。英勇、忠心
6. 國王在慶功宴上突然宣佈了甚麼事情，令馬克白大為震撼？立長子為儲君
7. 妻子知道女巫的預言。她的反應，顯示她和馬克白的性格有何不同？比丈夫更果斷狠辣
8. 馬克白城堡漂亮，主人慇勤，又有美酒美食，大家都十分歡樂，與後來發生的凶案形成強烈對比。這情況呼應了女巫哪一句話？福即是禍，禍即是福

第二幕：弒君

1. 晚上，城堡內的馬克白決心行動。他彷彿看見一件甚麼東西？尖刀
2. 他聽到甚麼聲音？鐘聲
3. 馬克白殺人後，竟然害怕得把凶刀帶回自己房間。後來凶刀如何處理？夫人把凶刀放在國王的兩個守衛旁邊
4. 貴族不斷敲打城堡的門也沒有人應。守門人發生甚麼事情？醉酒
5. 首先發現國王遇害的人是誰？Macduff
6. 到達凶案現場後，馬克白如何處理事件？殺了那兩個守衛
7. 兩個王子有甚麼反應？連夜出走
8. 國王逝世，四周出現甚麼凶象？試舉一例。如貓頭鷹啄死雄鷹、國王的駿馬亂衝亂撞

第三幕：登基

1. 馬克白已登基為王，何以還要忌憚班戈？女巫預言Banquo後裔會做王
2. 那兩個刺客本來是班戈的手下。馬克白用甚麼方法令他們殺班戈？挑撥，說Banquo不重用之

3. 刺客是否成功？一半；Banquo 死，其子 Fleance 逃走

4. 宴會一幕十分重要。馬克表示感謝各位嘉賓光臨，但可惜缺少班戈。就在這時，發生了甚麼怪事？Banquo 鬼魂出現（有兩次）

5. 誰看到鬼魂？只有 Macbeth

6. 除了班戈，還有誰缺席？Macduff

7. 麥克德夫知道危險，沒出席登基大典和宴會。結果他決定做甚麼？投奔在英格蘭的大王子

8. 宴會後，馬克白心情沉重，他出現甚麼毛病？失眠

第四幕：殺盡

1. 總結前三幕，為甚麼馬克白今次主動找女巫？請說出其中兩個原因。Fleance 逃走、Banquo 鬼魂出現、Macduff 與他作對

2. 四個幽靈中，第一個戴頭盔的人頭是誰？Macbeth

3. 第二個幽靈，血淋淋的嬰兒是誰？Macduff

4. 第三個幽靈，戴皇冠的小孩是誰？Malcolm

5. 第四個幽靈，跟著八王出現，那人是誰？Banquo（Macbeth 唯一認出的幽靈）

6. 馬克白見過女巫後，下一個殺害的對象是誰？Macduff

7. 麥克德夫投奔流亡在英格蘭的大王子瑪爾康。為甚麼瑪爾康不斷欺騙麥克德夫，說自己是壞人呢？想試探 Macduff，不知他是否 Macbeth 派來的奸細

8. 麥克德夫知道自己慘遭滅門，有何反應？請在三個答案中，說出其中兩個。悲哀、憤怒、自責（同學多數未能掌握第三個答案）

第五幕：敗亡

1. 馬克白的妻子在城堡裡，她有哪兩個怪病？持燭夢遊、不斷洗手

2. 大王子瑪爾康得到甚麼人幫助，率領部隊攻打馬克白？英格蘭軍隊

3. 初時，馬克白死守城堡，後來心慌意亂，中了英軍甚麼詭計？士兵每人斬一根樹枝，舉在前面，令他以為勃南森林在移動

4. 在這危急關頭，馬克白聽到城堡內婦女哭聲。究竟發生了甚麼事？夫人死

5. 馬克白在最後的獨白，把人生比喻為短暫而無意義的東西。請說出其中兩個比喻。引向死亡的昨天、短暫的燭光、走動的人影、臺上裝模作樣的演員、傻瓜口中無意義的喧譁

6. 馬克白出戰，殺死一名英軍。這英軍叫甚麼名字？小西華德

7. 馬克白自恃凡女人生的，都不能殺死他，為何最後麥克德夫能夠殺死他？他是未足月、剖腹出來的嬰兒

8. 最後，誰登基為蘇格蘭王？Malcolm

附錄二：Macbeth 的八次獨白（參看本章第78頁）

幕	場	頁	行	行數	Macbeth 的心理
I. 預言	1. 女巫				
	2. 勇將				
	3. 吉凶	33–34	139–61	21	獨白 1
	4. 封賞	38	50–55	7	獨白 2
	5. 殺機				
	6. 作客				
	7. 決定	46–47	1–31	31	獨白 3
II. 弒君	1. 行凶	53–56	32–66	36	獨白 4
	2. 嫁禍				
	3. 案發				
	4. 凶象				
III. 登基	1. 新王	79–81	49–73	26	獨白 5
	2. 不安				
	3. 刺殺				
	4. 鬼魂				
	5. —				
	6. 投奔				
IV. 殺盡	1. 幽靈	117–18	152–63	13	獨白 6
	2. 滅門				
	3. 王子				
V. 敗亡	1. 夢遊				
	2. 英軍				
	3. 張惶	145	22–32	11	獨白 7
	4. 奇謀				
	5. 妻死	151	21–33	13	獨白 8
	6. 進攻				
	7. 城破				
	8. 身亡				
	9. 勝利				

第 **6** 章

《簡愛》(*Jane Eyre*)

　　白朗特 (Charlotte Brontë, 1816–1855) 的《簡愛》寫於 1847 年，可謂近代中外言情小說的鼻祖。但若只視它為愛情小說，便很容易忽略其深刻內涵。另外，此作的出版年代介乎浪漫主義 (Romanticism) 和寫實主義 (Realism) 之間；同期有狄更斯 (Charles Dickens, 1812–1870) 的寫實小說，如《苦海孤雛》(*Oliver Twist*, 1838)、《孤兒大衞》(*David Copperfield*, 1850)。因此，如果簡單把《簡愛》歸類為寫實作品，就很容易忽視其浪漫主義的特色。

　　以多元系統立論，本章除中國文學、英國文學外，還結連基督教、維多利亞時期文化、藝術等系統，希望學生能多方面思考生命的成長和善惡的價值觀。

一、譯本

　　《簡愛》廣受歡迎，由早期 1927 年伍光建譯的《孤女飄零記》，到後來華人地區出現的譯本，多不勝數。本書選用吳鈞燮的版本，其文筆流暢。英文本可參看 Beth Newman 編輯的版本，校對嚴謹。

二、教學重點

　　作品重點無疑是主角的成長。但除了女主角簡 (Jane) 的主線，也不能忽略羅徹斯特 (Rochester) 最後的改變。如此，雙方才圓滿結合，也明白何謂真愛。

同時，學生也要了解浪漫主義文學的特色，包括展現真我生命、追求美和愛、熱愛自然、富於想像力（Thaden，頁 10–11; Harmon and Holman，頁 482），藉此更準確掌握本小説的風格。

藝術上，本書的第一人稱敘事角度豐富，而平行對照、象徵手法亦出色。

三、教學方法

1. 結構圖

– 人物結構：整理角色的關係。
– 女主角的成長階段：學生需掌握主角在各階段的變化。

2. 戲劇教學

戲劇方法讓學生代入角色的所思所感。

–「集體建構角色」（collective character）
–「提問角色」（hot-seating）
–「圍讀」（cold reading）
–「對談」（dialogue）

3. 文學日誌（literary journal）

此作是長篇小説，故學生宜分階段撰寫文學日誌，盡量寫下自己最初的想法。這是十分珍貴的個人經驗，因為稍後藉課堂討論或別人意見所得的東西，又是另一番體會。文學日誌有不同的類別（Tompkins，頁 91），例如：

–「自由發揮」（free journal）
–「引用原文」（quote journal）
–「代入角色」（character journal）
–「同儕意見」（partner journal）
–「自己重看」（double-entry journal）

文學日誌可長可短，最重要是讀者對作品的鮮活回應。Blau 視文學日誌為思想存庫，不論閱讀心得、疑問、難題都通統記下來，然後在課堂上提出，與

別人交換意見（頁154）。這個看法很有見地；有時學生不明白的地方，正是他最有感觸或將更上一層樓的關鍵點。

四、教學過程

1. 以結構圖掌握人物關係

老師透過與學生答問，在黑板上整理書中人物的關係。部分學生可能不大清楚 Jane 的姑姐後來與里弗斯（Rivers）先生結婚這層關係。

然後，老師問學生看出甚麼對照關係。如對照父系親族，即姑姐 Rivers 一方的三位表兄姊妹，與母系里德（Reed）家族的三位表兄姊妹。這裡初步說出《簡愛》此作的對照技巧。在課堂稍後才說出更多平行對照，如 Rochester 與聖約翰（St John）像代表 Jane「熱情」與「理智」兩個元素，不斷拉扯她，好比她內在性格的掙扎：是偏向一方？還是在掙扎中成長，邁向有智慧、真我的人生？

2. 掌握 Jane 成長階段的重點

為配合課堂的一個重要目標，即 Jane 的成長，可把作品分為五個階段。老師略為介紹，並提問不同地點的意義。

	Gateshead	Lowood	Thornfield		Moor House	Ferndean
J 年歲	10	10–18	18–19		19–20	20–30
R 年歲			38–39		39–40	40–50
章數	1–4	5–10	11–21	22–27	28–35	36–38
組別	A	B	C	D	E	F
重點	–	–	–	–	–	–
	–	–	–	–	–	–
	–	–	–	–	–	–
	–	–	–	–	–	–
	–	–	–	–	–	–

全班分為 A、B、C、D、E、F 六組。每組先討論，然後在黑板上以關鍵詞句寫下五件重要的事情，例如 A 組第一項為「Jane 寄住舅母 Mrs. Reed 家，她感到孤獨，又被欺凌，覺得委屈」（其他重點見附錄）。這個活動能夠初步評估學生掌握甚麼重點和細節。接著，老師當眾評改，同時指出關鍵情節和澄清誤解。

一般來說，學生較熟悉前半部分，後半部分則較多錯漏。學生覺得這活動對他們後來的分析，十分有幫助。

請提醒C組學生注意第21章的情節。Jane曾返回度過童年的舅母家一個月。這一幕的重點是Jane的涵養和自信心境。

3. 代入Jane每個階段的心境，掌握其轉變

這環節以戲劇教學為主。首先，用「集體建構角色」方法。每組討論後派一至兩位代表（兩位可分工說前後的不同），代入Jane的身分，分析自己在每個生命成長階段的改變。老師先舉例示範。代表學生坐在前排，其他組員像智囊團般在後面提醒他／她。請注意，若個別組別能力較弱，只會重複黑板的事件，不懂得歸納Jane的性格，更無法說出她的改變。這時候，老師要從旁提點。

組別	前	後
A	受屈、自卑、害怕	激憤而反抗、率性
B	孤獨、憤世嫉俗	因獲得友情而感到快樂；學會克制自己的怒火，變得平靜堅忍；有信心、有勇氣面對將來，走向更高層次的生命，如掌握更多知識、在海倫 (Helen) 和譚波爾 (Temple) 身上學懂寬恕和理智
C	平靜；對未來感到忐忑	嘗到戀愛的滋味，感到喜悅；有自信和愛心，能夠饒恕曾經憎恨的人
D	沉醉愛的甜蜜、依戀情人	美夢破碎、內心痛苦；仍然有愛，但理智地作出離開的決定，展現獨立人格
E	留戀二人世界的愛、在困境中絕望	堅信上帝的愛和力量、擴闊了愛（鄉村學生；多了三位親戚，並把財產分給他們）、尋求真正的自己（不屈從於任何壓力）
F	有愛，但充滿疑慮	昇華的愛（感恩、平等、信任、互相尊重、經得起考驗）

由於稍後會深入討論這書的23、27、37三章，故此刻D、E、F組毋須說得太深入。老師表示下一環節會探討兩個話題：「Jane為何出走？」和「何謂真愛？」。

及後，角色坐下，然後整組都化為Jane的合成體，準備回答別人對自己在這個階段的提問，例如別人問A組：

－為甚麼舅母一家這樣欺凌你？

── 你被關進紅色房間裡，最害怕的是甚麼？

── 舅母一家對你的傷害，將來會否造成童年陰影？

　　這「提問角色」的活動讓其他組員也可參與這組的角色演繹，加深大家了解各階段的 Jane。

　　最後，老師總結這活動的學習，並指出何謂「成熟的人格」。那就是不斷成長，發揮自己的優點、改善缺點。以 Jane 為例，她基本上感情豐富，遇到不平時會激憤、遇到對她好的人會深情回報。但她的性格容易衝動，會不顧後果傷害自己和別人。因此，她的成長路上要學會理智地平衡人格，譬如在激動時要慢慢平復自己，冷靜思考。更重要的是，因為基督的愛，即使對方苛待自己，也不要以牙還牙，乃要以善勝惡。同時，Jane 也不能過於理智，失卻原本性情，令真我受壓抑委屈。成熟的生命就是要學懂好好平衡這兩者，從而有智慧地活出真我。

五、深入討論

　　老師事先囑咐學生深入閱讀《簡愛》關鍵的三章，即第 23、27、37 章。這三章都敘述了 Jane 和 Rochester 重要的感情時刻，影響以後的人生路。故此，學生一定要掌握其中的對話和細節。

1. 第 23 章

　　老師首先略述之前的情況。Jane 自舅母家回來，她獨立、自信。更重要的是，她原諒了恨自己的舅母，展現無比愛心和成熟人格。處理舅母事件，等於解決她兒時的創傷和缺憾，正式踏入人生另一階段。她歸心似箭，返回 Thornfield。她明白自己不是 Thornfield 未來女主人，但她愛 Rochester 和這個莊園的人，把 Thornfield 視作自己的家。

　　雖然 Jane 萬分不捨，但理智告訴她，她快要離開 Thornfield，到其他地方任職。這是她對 Rochester 的要求，因為她深知二人感情深厚，故不能在 Rochester 婚後讓自己和 Rochester 處於尷尬的局面。另一邊廂，Rochester 的態度如何？如果代入 Jane 的心理，讀者不會知道 Rochester 的最後決定；如果代入 Rochester 的心理，細心的讀者已猜到 Rochester 在試探 Jane（就像他在 19 章扮成吉卜賽女人試探 Jane 的心意一樣）。此乃 Rochester 對他所愛的 Jane 作出的最後「關卡」──因為他知道 Jane 會走過來，他要看 Jane 這樣深情的反應。這是戀愛中情人微妙的心理。

　　為了協助學生掌握Rochester和Jane這樣微妙的心理，老師可嘗試運用「圍讀」與「問答」的方式：

i.　全班圍圈，分成兩組，分別飾演Jane和Rochester，學生每人輪流讀出23章二人引號內的對白。老師強調朗讀必須有感情。至於書中的第三人稱旁述，老師可在關鍵位置撮述。有時，學生未必能跟上對白的脈絡和情感，故此老師的提示十分重要。

ii.　因課堂時間有限，老師可選擇由中間的情節開始，即Rochester表示已為Jane在愛爾蘭找到新工作（頁268）。然後開始圍讀：

J1：路很遠啊，先生。

R1：沒關係，——像你這樣有頭腦的姑娘總不會怕航行和路遠吧。

J2：倒不在乎航行，而是路太遠，再説，又有大海相隔⋯⋯

R2：跟甚麼相隔，Jane？（Rochester其實引導Jane説不捨得自己）

J3：跟英國，跟Thornfield——還跟⋯⋯

R3：呃？

J4：跟你，先生。

老師説：這時，Jane不禁掉下眼淚。各位同學，你認為Rochester和Jane二人最大的障礙是甚麼？

iii.　透過不同的答案，學生指出他們最大的障礙不是高山大海，而是世俗的障礙。二人地位、財富懸殊，加上社會習俗趨向婚姻要門當戶對等不利的因素，導致兩個相愛的人無法在一起。

iv.　老師在Rochester和Jane的對答中穿插以下問題：

－　他們坐著的七葉樹椿，後來變成怎樣？（見本章尾）斷了的樹椿，根部最後仍然相連（見29章初）。

－　（承上題）這象徵了甚麼？兩人歷盡考驗，但仍切不斷他們深厚的真情。

－　Rochester説二人像心弦緊扣，和Jane後來説分離像生離死別般，反映二人甚麼關係？深刻的心靈交往。

－　為甚麼Jane聽到Rochester説要她留下，她就發火駁斥？因為Jane覺得如果Rochester娶了Miss Ingram，同時又和她生死相依，這就像戲弄留在Thornfield的她，叫她情何以堪。

v.　對話的重點就是Jane的表白——不是因貧窮、低微、不美、矮小，就沒有靈魂、沒有心！她的心靈像在上帝面前與Rochester的心靈平等對話（頁270）。由於這是重點，老師向學生提問：你怎樣看Jane的表白？那是莊嚴、坦率、愛的表白。在當時的社會裡，Jane既是女性，地位也不高，這樣的表白需要極大的勇氣。

vi. 後來Jane說:「我不是隻鳥兒,也沒有落進羅網。我是個自由自在的人,有我的獨立意志。我現在就運用它決心要離開你。」(頁271)老師向學生提問:這段話有甚麼重要字眼?這些字眼都反映浪漫主義的特色。

vii. 圍讀大抵在Rochester這段說話結束:「是你,Jane。我一定要讓你屬於我一個人——完完全全屬於我一個人。你願意屬於我嗎?」(頁272)。

viii. 老師指出兩人在Rochester求婚後沉醉在甜蜜的愛中。此外,也不忘提醒學生注意Rochester喃喃自語的一段話:「至於人間的評判——我才不去管它。別人的議論——我毫不在乎。」(頁273)這段話不尋常之處在哪裡?它似乎反映Rochester背後有沉重的罪疚包袱,也預計將面對極大的壓力。

ix. 在此,老師可提出浪漫主義「拜倫式英雄」(Byronic hero)的概念。那就是說,只要認定自己是對的,就勇往直前,不理會其他人的阻攔。他是狂傲、反叛、內心充滿角力的人格。Wootton指出Brontë姊妹一直喜歡拜倫的作品,且深受影響。無論外型或性格方面,Rochester和拜倫筆下的角色,都有不少相似之處(頁272)。此乃《簡愛》具備浪漫主義特色的其中一個證據。

2. 第27章

Rochester和Jane的婚事告吹,因為Rochester被揭發已婚。Jane期待的幸福破滅,十分悲傷,就連禱告的力量也沒有了(26章尾)。Rochester同樣痛苦,他激動地訴說對Jane深摯無比的愛,求她原諒,也懇求她留下和他一起。但Jane最後決定離開Rochester。

本章的重點是學生討論Jane的掙扎和抉擇。

老師把全班分為A、B、C、D四組,各自討論。A、B組為游說者,極力游說Jane答應Rochester的請求;C、D組為Jane,要盡量說出拒絕的原因。老師給學生10分鐘討論,然後每組各抒己見。最後,老師把各組的重點寫在黑板上。

i. 游說者 (A、B組先說)

– 二人心靈相通,Jane再難找到像Rochester如此愛自己的靈魂伴侶。

– Jane會再過孤獨的生活。

– 日後生活會改善 (老師可問Jane:這個理由充分嗎?)

– 二人可遠走高飛,Jane無親無故,沒有人可阻止他們。

– Jane 不是想掙脫束縛，表現真我嗎？何需理會世俗之見？

– Rochester 已經承認自己做錯，難道你那麼狠心不原諒他？

– 上帝會憐憫你們這樣真心相愛。

– Rochester 的婚姻已名存實亡。

– Rochester 已為不幸的遭遇飽受折磨，你離開會再次傷害他，甚至令他墮落。

　　老師問學生：上述哪個理由最具說服力？有同學認為是第一點，因知己難求；有些則認為是最後一點，因為 Jane 不是考慮自己，而是考慮 Rochester 的幸福。過程中，學生的答案縱非全然合理，但老師可開放討論，令學生更了解二人的情感關係。

ii. Jane 的回應（C、D 組接著說）

– 法律上重婚屬犯罪。（老師可補充，重婚亦不合上帝之義）

– Rochester 欺騙 Jane。（老師問學生：這是否屬實？其實 Jane 早已原諒他）

– 自尊自重。不想做情婦，看不起自己，最終 Rochester 也會看不起她。

– 及早一刀兩斷，免日後更痛苦。（此說合理嗎？這似乎是現代男女的思考方式）

– Rochester 出於激情請求她，就像當初求婚後不斷供應她珠寶美服，令她好像被一股大力壓著，透不過氣來。這種壓力令人不安。

– Rochester 現在的思想行為都出於自己，而非上帝。Jane 不想 Rochester 墮落。

　　老師問：上述眾多理由，哪一個是 Jane 拒絕求婚的最關鍵原因？學生可能傾向第一個原因，較少同學會想到最後一個原因其實也很重要。Jane 不單從自己的立場考慮，她愛 Rochester 多於自己。

iii. 老師導引

　　老師指出這活動就像 Jane 的心靈掙扎。游說者好比另外一個聲音拉扯她，而且句句在理，令她難以抉擇。到最後，Jane 決定忍痛離開 Rochester。

　　老師問：她依靠甚麼力量？其實上帝的聲音一直提醒她：26 章末開始出現《聖經》的話，如「求你不要遠離我，因為急難臨近了，沒有人幫助我」（舊約‧詩篇 22: 11）。後來，Jane 對 Rochester 說：「上帝保護你不受傷害，不犯過失，——指引你、安慰你——為了你以往對我的好意，好好地酬勞你。」（頁 345）27 章末三段，Jane 說，她不能回頭，她相信「上帝在領著我繼續往前走」（頁 348）。28 章，在她最困頓、風餐露宿的處境下，看到無邊夜空，她深信上帝的全能，就跪下為 Rochester 的平安禱告。此刻，Jane 淌血的心也慢慢安靜下來。

3. 第37章

　　這一年變化很大。一邊廂，Jane在絕境中獲救，並意外發現自己有三個親人，及後又獲得大筆財富。此時她二十歲。另一邊廂，Rochester的莊園被燒毀，他靜居偏遠的Ferndean，不願見人。另外，他雙目失明，並折斷了其中一隻手。此時他四十歲。

　　老師給每組題目，讓各組代入相關角色討論：C、D組代入Jane的角色；A、B組代入Rochester的角色。討論後，各組依照下列次序回答。過程中，老師扮演挑戰者的聲音，讓學生更深刻思考：

i. 表哥St John向你求婚，你為何拒絕他？（C組）
　　老師略說St John的好處和他對Jane的恩義。
　　– 不愛他。（老師說：但他對你有恩……）
　　– 像被一股大力壓住，無法有自己獨立的生命。（老師說：但St John後來用上帝之名叫你屈服。）
　　– 這真的是上帝的心意嗎？

ii. 為何最後你答應Rochester的求婚？（D組）
　　老師說：你不是很有原則嗎？上次你還堅決拒絕他。
　　– 現今他的妻子已死，沒有法律的障礙。
　　– 他需要我。（老師問：你可憐他嗎？）
　　– 不，真正愛他。

iii. 當你知道Jane的處境比你優越時，你有何感受？（A組）
　　– 消沉、自卑。
　　– 不知道Jane怎樣想，其實她可以有其他的選擇。
　　– 不想Jane為自己犧牲。

iv. 為甚麼你能夠克服一切障礙，最後願意接受Jane對你的愛？（B組）
　　– 放下自己。
　　– 知道Jane真心愛我，我也真心愛Jane，其他一切並不重要。

　　老師提醒學生另外有關Rochester性格的變化。當Rochester知道Jane答應求婚後，他不像以前那樣狂喜，或用珠寶華服討好Jane。他反而滿心感激仁慈的上帝，誠心悔改。最後，他默默禱告：「感謝我的創造者，在報應中不忘憐憫。我謙卑地求我的救主給我力量，讓我從今後能過一種比以往純潔的生活。」（頁489）那就是說，Rochester能改變以往驕傲自信的生命。現在他願意在上帝面前謙卑自己，過純潔的生活。他由以前的「拜倫式英雄」轉變為敬虔的基督徒（Christian hero），即放下人的驕傲，把生命交給上帝。

　　總而言之，前半部分的課堂由老師與學生討論Jane的成長；下半部分主要討論何謂「真愛」。那是平等、真誠、深刻、經得起考驗的愛。為甚麼最後結局如此圓滿？因為Rochester和Jane皆有成長。他們在上帝的愛中順服，克服自己的缺點，成就更好的自己，最後得到真正的愛。

4. 藝術技巧討論

　　老師請學生說出以下象徵的意義：紅房間的顏色（第2章）、七葉樹（第23章尾、第25章初、第37章）。至於寓意Jane成長的五個地點，老師可用英文原文作為例證，如Gateshead有gate「閘口」和head「起首」之義。這地點為Jane成長的開始，她需要突破這個關口，才能找到真正的自己（Thaden，頁67）。另外，還有對比象徵「冷」（例如St John、Brocklehurst）和「熱」（例如Rochester、Bertha）的人物（Thaden，頁68–69）。這些冷熱的元素，寓意Jane要學會平衡生命。

　　浪漫主義風格方面，老師帶領同學思考兩點：（1）Jane有甚麼嗜好？閱讀、繪畫、散步。Jane喜歡大自然，每次在大自然散步都給她很多新鮮的意念和生命力量（如第4章尾、第10章初、第12章初、第23章初、第28章初）。她在這樣安靜的環境下，與自己的心靈對話，以內心平靜的力量，回應生活上種種衝突；（2）神秘的喊聲（第35章尾、第37章尾）。Rochester和Jane雖然分隔千里，但彷彿有心靈感應一樣。究竟這些聲音是真實，還是虛幻？總括來說，浪漫主義文學的特色，如真我生命、深情、大自然，超自然想像等元素可以從《簡愛》中反映出來。

　　敘事角度方面，小說的第一人稱有豐富的敘述層次，既有童年和成人的視角，也有「我」對讀者說話的聲音，讓讀者認同Jane在不同階段的感受。更重要的是，這種方式淋漓盡致地表達出一個女性的內心世界及其深情。

六、總結

　　這是一部長篇小說，所花的教學時間或較其他作品長，因此老師鼓勵學生早些閱讀，並在過程中多寫文學日誌以表達自己所思所感。固然，課堂上有很多主題或藝術的討論，但《簡愛》所涉及的經歷，如親情、愛情、友情、成長、抉擇等環節，其實可以十分個人，即學生可以有不同看法。老師一定要給與這方面的發揮空間。然而，要平衡的是，不能只以現代人的角度看這部十九世紀中葉的作品；那年代的人有其信念特色，例如基督教和浪漫主義，即學生亦要掌握那個年代作品古典溫潤的情懷，從而體會何謂追求成熟生命和真愛的價值觀。

七、推薦閱讀

陳英輝。《維多利亞文學風貌》。臺北：書林，2005。

方平。《歐美文學研究十論》。上海：復旦大學，2005。

李霽野譯。《簡愛》。西安：陝西人民，1982。〔最早全譯本〕

伍光建譯。《孤女飄零記》。1927。香港：商務，1964。〔最早節譯本〕

吳鈞燮譯。《簡・愛》。北京：人民文學，2002。

Blau, Sheridan D. *The Literature Workshop: Teaching Texts and Their Readers*. Portsmouth: Heinemann, 2003.

Harmon, William, and Hugh Holman. "Romanticism." In *A Handbook to Literature*, 481–83. Upper Saddle River: Prentice, 2009.

Hoeveler, Diane Long, and Beth Lau, eds. *Approaches to Teaching Brontë's Jane Eyre*. New York: MLA, 1993.

Newman, Beth, ed. *Jane Eyre: Complete, Authoritative Text with Biographical and Historical Contexts, Critical History, and Essays from Five Contemporary Critical Perspectives*. Boston: St Martin's, 1996.

Thaden, Barbara Z. *Student Companion to Charlotte and Emily Brontë*. Westport: Greenwood, 2001. 〔提供豐富資料和深刻演繹〕

Tompkins, Gail E. *Language Arts: Patterns of Practice*. Upper Saddle River: Pearson, 2013.

Wootton, Sarah. "'Picturing in me a hero of romance': The Legacy of *Jane Eyre*'s Byronic Hero." In *A Breath of Fresh Eyre: Intertextual and Intermedial Reworkings of Jane Eyre*, ed. Margarete Rubik and Elke Mettinger-Schartmann. Amsterdam: Rodopi, 2007. 229–41.

附錄：Jane 在不同階段事件的重點（參看本章第91頁）

	重點
A	1. Jane 寄住舅母 Mrs Reed 家，她感到孤獨，又被欺凌，覺得委屈。
	2. 舅母一家苛待 Jane；表兄 John 更動手打她。
	3. Jane 忍無可忍下反擊，反而受罰，被關進紅房子裡，內心極害怕。
	4. 藥劑師同情 Jane，建議 Mrs Reed 送 Jane 到學校。
	5. Mrs Reed 在學校贊助人 Brocklehurst 面前說 Jane 壞話，令 Jane 憤怒，指斥她殘酷。
B	1. 慈善學校生活刻苦，食物差，學生吃不飽。
	2. Jane 與 Helen 成為好友。Helen 性格堅忍，並告訴 Jane 要在基督裡學會愛和饒恕，以德報怨。
	3. Brocklehurst 虛偽，當眾懲罰 Jane，令她感到羞辱。幸好 Helen 和 Miss Temple 關心她，明白她的委屈。
	4. 很多學生病倒，Helen 也死於肺病，但她深信自己會返回天國。
	5. Jane 在學校八年，六年當學生，兩年當老師。Miss Temple 結婚離去後，Jane 也想到外面找新工作。
C	1. 到 Thornfield 任家庭教師，與管家 Mrs Fairfax 和學生 Adèle 相處融洽。
	2. Jane 一直喜歡在野外散步，偶遇馬前失蹄的 Rochester，就幫助了他。
	3. Jane 與 Rochester 多次長談，互生好感。Jane 在一次小火中救了 Rochester。Jane 知道自己愛上了 Rochester。
	4. Rochester 舉行宴會，大家以為他會迎娶高貴的 Miss Ingram。Jane 自知地位懸殊，故抑壓對 Rochester 的感情。
	5. Rochester 打扮成女占卜師試探 Jane。Jane 也幫助 Rochester 處理受傷的來客梅森（Mason）。
	6. Jane 返回 Gateshead，因為 Mrs Reed 病重。Mrs Reed 表示後悔隱瞞 Jane 有個富裕的叔父。Jane 原諒舅母，但舅母至死不願和解。
D	1. Jane 歸心似箭，與 Rochester 一家愉快重聚。不久 Rochester 向 Jane 求婚，二人心意相通。
	2. Rochester 想為 Jane 購買大量珠寶華服，Jane 一一拒絕。
	3. Jane 結婚前做惡夢。一晚，她的婚禮面紗給一個怪女人撕爛。
	4. 結婚那天，有律師阻止。原來 Rochester 已有妻子伯莎（Bertha）。Bertha 一直被關在大屋裡，其精神有問題。
	5. Jane 心如刀割。她仍然愛 Rochester，但無論 Rochester 怎樣哀求，她也不願留下。晚上 Jane 悄悄離開。

	重點
E	1. Jane 悲傷中丟失包裹，在野外飢寒交逼，甚至向人乞食。
	2. 雖然到了絕境，但 Jane 仍為 Rochester 祈禱。在死亡邊緣，Jane 為 St John 三兄妹所救。
	3. Jane 任鄉村教師，感滿足；覺得 St John 內心沒有安寧。
	4. Jane 獲悉 St John 三兄妹是自己父家的表兄妹，她大喜，又把從叔父得來的遺產，和他們平分。
	5. St John 冷酷並有野心。他向 Jane 求婚，希望 Jane 當他的宣教士妻子。正當 St John 以上帝之名令 Jane 答應請求，Jane 隱約聽到遠方 Rochester 呼叫她的聲音。
F	1. Jane 決定到 Thornfield 查訪 Rochester 的消息，但驚覺那兒已成廢墟。
	2. 原來有天 Thornfield 大火，Bertha 從屋頂跳下身亡。Rochester 為救她而斷手，雙目失明。自此隱居 Ferndean。
	3. Jane 與 Rochester 重逢。Rochester 狂喜，但自卑。
	4. Jane 深愛 Rochester，接受他的求婚。
	5. 二人結婚並誕下一子。Rochester 其中一隻眼睛恢復了些微視力。Jane 從遠方收到 St John 來信，似乎預告他快將離世。

第*7*章

《變形記》(*The Metamorphosis*)

　　《變形記》又譯作《蛻變》，是卡夫卡 (Franz Kafka, 1883–1924) 於 1912 年撰寫的短篇小説。這部小説篇幅雖短，內容卻十分濃縮，寓意深遠，是現代主義 (Modernism) 的代表作。故事説一個平凡家庭發生的不尋常事：主角是經濟支柱，突然變成大昆蟲，不能上班，自此與家中父母、妹妹關係變差，最後孤獨死去。這故事背後，對現代人的處境有豐富隱喻。

　　以多元系統立論，本章除中國文學、德國文學外，還結連社會、歷史、存在主義 (Existentialism) 哲學、現代主義文化、藝術等系統，希望學生能以宏觀視野思考新舊世代的轉變，及其帶來的衝擊。

一、譯本

　　原著為德語。本書用金溟若版《蛻變》，那是筆者教學時學生較容易買到的繁體字版。這《蛻變》的中譯本有些斟酌之處：(1) 題目「蛻變」是否適切？「蛻變」一詞有指向更好的意味。「變形記」詞義中立，讓讀者有思考空間；(2) 譯本第一句説戈勒各爾 (Gregor) 變成大毒蟲 (頁 19)，原文沒有形容詞「毒」，應刪去；(3) Gregor 死時有三響教堂鐘聲 (頁 78)，原文沒有「教堂」一詞，應刪去。

　　其他譯本，如葉廷芳、姬健梅、李文俊等版本皆可採用。英譯本可參考 Corngold 版及其註釋。

二、教學重點

　　基本任務是帶出內容要點和人物心態。老師一方面幫助學生有組織地去掌握作品的重要事情，另一方面，又提醒學生注意細節，尤其是角色情感的變化。《變形記》按時序分為三章，就是：事發那天、當晚和一個月後、兩個月後。老師要與學生探索這次變形背後的意義，尤其是主角與家人的關係，再延伸下去，人怎樣看自己的工作和人生。最後，老師可按學生的程度，提及一些存在主義思想，以及現代人處境的問題。

　　藝術上，學生亦要掌握現代主義思潮的特色；《變形記》運用創新手法，表達現代人的內心世界，尤其是較消極、迷惘的情緒。

三、教學方法

1. 戲劇教學

－「形體劇場」(physical theatre)：掌握主角變形後的形態與心境。
－「聲音效果」(choral speaking)：聲音背後帶出父親的嚴厲態度。
－「角色逆轉」(role reversal)：輪流扮演不同角色，以體會人物的所思所感。
－「座談會」(panel discussion)：透過不同角色表達對問題的看法。
－「朗讀劇場」(readers' theatre)：以朗讀展現故事內容和人物關係。

2. 繪畫教學

－ 繪畫昆蟲：掌握細節。
－ 藝術實踐：以現代主義手法畫出作品其中一幕。

3.「寫作中學習」(writing to learn)

－ Gregor 臨終寫下遺書。

4. 小組討論

－ 用「拼圖小組」(jigsaw group discussion) 的方法討論書中細節及其意義。

四、教學過程

老師最重要的工作，是令學生掌握故事大要和細節，進而體會主角的感受。

第一章：痛苦開始

透過簡單的問答，帶出 Gregor 的職業及家庭狀況，從而指出他和你我一樣，都是平凡不過的普通人 (everyman)。他生活小康，未婚，渴求愛情。變形這件事持續三個月。本章的主要事件包括：變形、經理怪罪、給父親擊打受傷。

1. 學生首先要明白 Gregor 最初變形的狀況（頁 19–27）。老師給每個學生派發一張白紙，著他們在中間畫出昆蟲的形狀。

> 繪畫教學的意義是學生閱讀後，按自己的理解，透過線條、色彩、意象、構圖等元素，表達出想像的世界。這結合了主觀體會和客觀文本所描述的情況。繪畫過程像第二次閱讀，加深學生對作品的理解和美學感受。Cornett 指出，繪畫作為藝術教育，能提升學生的學習動機、掌握視覺和空間意象，並且增強思考和創意能力（頁 154–56）。繪畫是「讀者反應理論」其中的教學手法，讓學生藉圖畫表達所思所感。

學生每隔五分鐘思考一條問題，可以在紙上寫下重要的字眼。

i. Gregor 變形後，他的身體狀況如何？痛、身大腳小、轉動困難、肚有小斑點、痕癢；聽懂別人的說話，但別人聽不懂他。

ii. 五年來，Gregor 工作情況如何？吃力、早起趕火車、整天在路上奔波、沒法和別人深交、工作五年從沒請病假。若非為父還債，他早就不想做這份難捱的工作。

iii. 到變形的一刻，Gregor 與家人關係如何？他愛家人，尤其愛惜妹妹；媽媽溫柔，關心 Gregor；父親相對有點凶，敲門聲特重。Gregor 善良、有責任感、照顧家人周到。

iv. Gregor 認為那經理是個怎樣的人？（頁 26–36）冷酷無情，遲到一次就大興問罪之師，欠同情心；Gregor 請他諒解自己突如其來的不幸處境，經理卻「聽不到」。

v. 請學生用顏色掃在這畫紙上面，表達 Gregor 此刻的心境。

顏色其實是意象，反映使用者所投射的概念，例如使用者想以綠色代表生機盎然的感受。於此，先讓學生說出他們初步的體會。學生有說灰色、黑色、紅色、藍色，分別表達沮喪、絕望、憤怒、憂鬱的心情，並解釋原因。老師指出這些顏色都有可能，又或者混合多種顏色。但注意，Gregor 是否那麼快就絕望呢？試看文章第三段，Gregor 看到陰沉沉的下雨天，感到十分憂鬱，心想「倒不如再睡一覺，把這件無聊的事徹底給忘掉」（頁 20）。看，他不是震驚、歇斯底里，只是鬱悶，情緒尚算平靜。這是否有點奇怪？為甚麼？最少他可以不用趕火車，多睡一會。Gregor 現在的情況雖然不舒服，但比起平時勞碌的日子，現在的境況並非更壞。老師可以在 iv、v 兩點帶出一些現實的情況，譬如問：「各位同學，如果有工作經驗、可有同感？」

2. 學生要掌握父親的反應（頁 37–39）。全班學生分為四組：第 1、2、3 組分別用「聲音效果」方式演繹指定片段；第 4 組觀察並評論，看看哪一組最能帶出這環節的意義？第 1 至 3 組以「聲音效果」演繹的片段如下：

> 第 1 組：「經理這樣一跑……父親反而用力踩著地板」（頁 37）。
> 第 2 組：「父親毫不容情地趕著……使 Gregor 完全慌了手腳」（頁 37–39）。
> 第 3 組：「似乎父親把一切障礙置之不理……周圍終於恢復了靜寂」（頁 39）。

有些組別發出的物件和人物聲音柔弱，表達不出父親惡狠的態度。有些組別音響效果出色，尤其強調父親的憤怒，如「噓噓，回去」聲，又發出隆然的關門巨響。老師邀請第 4 組說出他們對三組演出的觀察及聲音的意義。

> 「聲音效果」是每組找一位成員讀出那段大要，不用逐句讀出，其他組員配上聲音效果，如揮動報紙聲、腳步踏地聲、強烈驅趕聲。Neelands and Goode（2000）指出，這活動把文本轉化為聲音經驗，使學生能注意關鍵元素，並反思其中的意義（頁 76）。

第二章：身心重創

老師在各事件中的串連、演繹十分重要，因為學生可能不熟悉情節、誤解內容或遺漏細節。老師需要一一補充，並推動課堂的進展。此環節以「角色扮演」的方法為主，讓學生代入人物的感受和心態。每組代表一個角色，例如：第 1 組（Gregor）；第 2 組（父親）；第 3 組（母親）；第 4 組（妹妹）。每次 Gregor 說完後

(組員可概括內容，隨意以 Gregor 身分發言，但意思不可離開文本)，就由家人說話 (任何一組也可以)，如此類推。老師先舉例：

> Gregor：爸爸打得我很痛，為甚麼這樣狠啊？我已經沒有胃口吃東西了。
>
> 妹妹：我很怕哥哥的樣子，十分嚇人，但他也要吃東西。不知他是否喜歡吃這些爛菜和骨頭？
>
> Gregor：我疼愛妹妹，為甚麼此刻她怕得要命？不要讓她受驚，我就躲在沙發下。
>
> 父親：我們以後的生活怎麼辦？沒有收入，大家一起等死吧！
>
> Gregor：過去一家人豐衣足食，我令他們無憂無慮。現在因為我有病，他們要為生活張羅。我怎麼這樣不爭氣，沒法幫助他們解決問題？

1. 這個環節有兩件事：食物狀況 (頁 39–44)、父親的財務秘密 (頁 45–48)。

　　Gregor 愛家人，無怨無悔。儘管家人嫌棄他，他仍關心他們，寧可自己痛苦，也不願家人受驚嚇。及後 Gregor 知道父親仍有存款的秘密，他不但沒有怪責家人隱瞞他，反而慶幸父親當初的做法，如今才有這樣的銀行利息收入，勉強維持一年半載的生活。另一方面，家人厭惡 Gregor，不敢走進他的房間。只有妹妹仍然關心他，但也變得越來越不耐煩。以前 Gregor 賺錢供養他們的時候，他們十分感激，但漸漸習以為常，沒有溫暖的感覺。一旦他患病，家人就埋怨他，且極不情願外出工作。

2. 下個環節也有兩件事：家具事件 (頁 49–56)、擲蘋果事件 (頁 57–60)。

　　每組改變身分，做「角色逆轉」活動，如第 1 組 (妹妹)、第 2 組 (Gregor)、第 3 組 (父親)、第 4 組 (母親)。每組輪流說出角色的想法和感受，使學生易地而處反思問題 (Neelands and Goode，頁 70)。至於擲蘋果事件，則採用繪畫手法。

　　家具事件發生於變形後一個月。透過 Gregor「與家人對答」的活動，我們知道一方面 Gregor 牽掛家人，想念母親，但又怕嚇壞她。他覺得家人不了解他，尤其是妹妹，想搬走他的家具。他為了維護自己僅有的權利、保留個人的回憶，不得已而現身保護心愛的東西。他覺得父親很無情，驚訝父親竟然以暴力追打他。另一方面，妹妹自以為照顧 Gregor 的專家，亂出主意，反而害

了Gregor。相比之下，母親細心有情，反而了解Gregor的需要，但她軟弱，不能保護Gregor。父親則誤會Gregor嚇壞母親，不由分說就狠狠用蘋果擊打Gregor，十分冷酷。學生須釐清這家人的感情關係。

3. 繪畫教學

老師可在擲蘋果這環節，略為介紹何謂現代主義，並在powerpoint舉出一些圖畫示例，如達利 (Salvador Dali, 1904–1989) 的超現實畫作。然後老師給學生派發白紙，請他們以現代主義手法繪畫擲蘋果一幕。老師提醒學生不要用傳統寫實的方式繪畫。更重要的是，思考這幅畫想要表達的信息。老師希望學生思考父親對兒子的無情。繪畫完畢，老師請鄰座二人交換作品，互相解釋。之後，全班圍成一圈傳閱作品，並指出印象最深刻的作品。

第三章：絕望而死

又經過兩個月，期間家人各自找到工作，而Gregor身心日差 (頁61–66)。之後還有小提琴事件 (頁67–77)、Gregor死亡 (頁78–85)。

1. 以「形體劇場」表達Gregor的身心狀況。

老師把課室分為兩區。同學所在的區域黑暗，多雜物 (見下圖，x符號乃隨意放置的椅子)；另一區有微弱的燈光，屬客廳。老師給學生兩分鐘思考此刻Gregor的狀態，並以身體和慢動作 (slow motion) 來表達。正如Callery指出，形體劇場主要以演員的身體創造意思，從而刺激觀眾想像 (頁4–5)。同學可個別或互相搭配演出。

```
房間

（黑暗）              x          x

              x               x

    _____  門  _____

客廳

（燈光）
```

學生彎下身體慢慢蠕動，或低頭、或擠在一起、或伏在椅子旁，望向客廳。老師說「freeze」之後，學生停下來。老師輕拍學生，訪問他，例如：

－ 你現在的身體狀況怎樣？
－ 你在看甚麼？心情如何？
－ 為甚麼你的身體這樣扭曲？

此刻，Gregor喜歡在房內觀察外面的家人。他仍然關心他們，痛惜他們工作辛勞，但怪責他們對自己冷漠。家人方面，父親的怨氣最大，他之前養尊處優，現在十分討厭工作。但他們沒有想過，Gregor一直工作養活全家，比他們現在更辛苦勞碌。那時Gregor卻毫無怨言。

期間，老師也可扮演清潔老婦，隨意辱罵Gregor（頁66），或者不出聲地以手慢慢推壓Gregor蜷伏的身體，總之使他的處境更難堪。

2. 小提琴事件，再用「角色逆轉」。

各組的安排如下：第1組（母親）；第2組（妹妹）；第3組（Gregor）；第4組（父親）。老師聲演悠揚的小提琴聲後，說出三個租客的情況。現在家中雜物都堆放在Gregor房內，他既骯髒又病重。但妹妹的小提琴聲令他振奮，他慢慢爬出來細聽，三個租客反而對音樂毫不欣賞。

Gregor外表衰殘，但內裡仍有生機。其後，他知道家人極度厭惡他，十分傷痛。尤其是妹妹第一次當眾說他是怪物，又表示不能再容忍他了。Gregor寧願死去也不想拖累家人。他愛母親，返房間前回望她最後一眼。另一方面，家人為了賺錢，不斷討好那些傲慢的租客，覺得Gregor的存在破壞他們的生活，已經無法忍受。他們憎惡Gregor，說話決絕，甚至希望他死去。

3. 教師代入角色。

半夜，鐘敲響三下（老師聲演），Gregor死亡。老師代入父親的角色，興奮說：「感謝神！太太、女兒，好了，不如我們請假一天，外出散心吧。遲些搬家，不用住得那麼大，你們贊成嗎？」他又溫柔地跟妻子說：「女兒已經長大了，看來要為她找個對象……」然後他滿臉笑容地與妻女外出，還回頭厭惡地看了Gregor的屍體一眼。老師回復身分後，問道：你們認為這家人以後會幸福嗎？

4. 寫作中學習。

　　課堂末段，學生可以寫下所思所感。Roen 指出，「寫作中學習」不是叫學生作文，而是擴闊學生的美感閱讀，讓他們透過寫作去探索和反思作品（頁 233）。老師派發白紙給學生，讓他們代入 Gregor 的身分，以五分鐘時間寫下自己的遺書。你（Gregor）想向世人說甚麼？最後邀請三位學生朗讀遺書。這個寫作活動整合學生在這課的心得。如果學生想得較全面深入，會發現 Gregor 的心境大抵如下：在死亡那刻，他心境平靜，對家人仍然有愛，接受離別的意願和事實，覺得是解脫；同時，他又感到傷痛，覺得家人對他無情，彼此間只有利益關係；他也感到絕望，沒有求生意志。Gregor 回想一生，充滿恨意與不平。他對家人盡愛、對工作盡心，竟換來冷漠、厭惡、迫害。他不知道活著有甚麼意義，每天工作營營役役、無法與別人建立深刻的關係、也無法找到真正的愛，生命十分空虛。

　　Gregor 的感受深刻且複雜。學生的能力越強，越能說出 Gregor 的傷痛與愛恨之情；若學生能力較弱，則會偏重一點，甚至理解錯誤，例如說「自己會上天堂」或「希望父母原諒自己不孝」等。這個總結練習能評估學生的課堂所得。

五、深入討論

　　老師提醒學生深入閱讀作品的重要事件，並在旁邊寫下關鍵詞，或用結構圖（graphic organizer）勾勒出重要事件。接著，透過「拼圖分組討論」和「座談會」兩個活動，深入思考作品與我們現代世界的關係：這是怎樣的世界？生命有甚麼意義？如何回應生命的挫折與傷害？

1. 拼圖分組討論

　　老師課前派發工作紙（見下表，附錄一列出討論心得），著學生思考。上課當天，把全班分為四組。假設全班有 20 人，每組就有 5 個人，如此類推。

　　第 I 組：A1、B1、C1、D1、E1
　　第 II 組：A2、B2、C2、D2、E2
　　第 III 組：A3、B3、C3、D3、E3
　　第 IV 組：A4、B4、C4、D4、E4

　　每組討論兩條有關作品內涵的題目。老師大致講解下表的題目，鼓勵學生不受指引的限制，盡情發揮自己的閱讀心得。

甲、寓意

重點	討論指引	心得
Group I		
1. 身體	龐大身軀、多而細小的腳、活動困難、胃口越來越差—— 這樣的蟲身有何意義？他感到痛楚的地方在哪裡？	
2. 行動	大蟲不斷爬行的動作有何意義？與推銷員工作有何關係？ 他為甚麼爬在畫上（第二章）？你怎樣看他最後的一程？	
Group II		
3. 創傷	Gregor這條蟲受過多少次傷？每次受傷有何意義？為甚麼 最後一次沒有人追打他？	
4. 父親	Gregor的父親是個怎樣的人？變形前後父子的關係有何分 別？父親用手杖和報紙驅趕他，又用蘋果飛擲他——這兩 次行動有何意義？重新工作後，父親的心態怎樣？	
Group III		
5. 溝通	變形前Gregor的性格如何？變形後Gregor聽到別人的說話 嗎？別人能聽到Gregor的說話嗎？經理明白Gregor嗎？妹 妹及母親了解他嗎？妹妹對Gregor的態度有甚麼改變？為 甚麼妹妹後來埋怨母親清潔Gregor的房間？	
6. 房客、家人	你怎樣看這兩組連成一起的群體？為何兩組的人數都是 「三」？他們表現出怎樣的人性？Gregor死後那天的早上， 三個家人的表現合理嗎？	
Group IV		
7. 環境	Gregor房間的光線如何？窗外景物如何？房間與客廳有何 關係？變形兩個月以來，房間有甚麼變化？環境的描寫有 何意義？	
8. 變形	變形的意義？是好是壞？為甚麼Gregor由始至終都對變形 不感震驚，又不表異議？	

分組討論時間約10分鐘。老師從旁聆聽和協助。之後，所有人按以下安排重新分組：

A 組：A1、A2、A3、A4

B 組：B1、B2、B3、B4

C 組：C1、C2、C3、C4

D 組：D1、D2、D3、D4

E 組：E1、E2、E3、E4

每個成員要在新組別報告他在之前組別討論的結果，時間共約20分鐘。

完成這環節後，再回到之前的分組：第 I、第 II、第 III、第 IV 組。這次討論作品的藝術手法，每組討論一題。

乙、藝術手法

重點	討論指引	心得
1. 敘事觀點與心理描寫	本小說採用甚麼敘事觀點？為甚麼集中在 Gregor 的所思所感？	
2. 風格	你認為這是寫實作品嗎？還是荒誕作品？這一切是真實還是虛幻？	
3. 結構	三章的內容結構如何同中有異？如何層層揭出主題？	
4. 幽默、諷刺	黑色幽默乃笑中有淚。你如何看那不斷出現的時間提示？你怎樣看 Gregor 那英偉的軍裝照（第一章）？你對母親為 Gregor 向父親求情時的姿態（第二章）有何看法？另外，諷刺比幽默嚴肅，令人反思。你怎樣理解 Gregor 臨終時的三響鐘聲，以及窗外的曙光？	

這部分對學生來說，略為困難，所以老師要從旁多加提點。討論時間約 6 分鐘。討論完畢，再次分成 A、B、C、D、E 組報告討論結果，約 12 分鐘。這兩次循環，讓學生先透過討論，表達自己的看法。學生如有不明白之處，可先記下，稍後在座談會發問。

2. 座談會

老師是主持人，在黑板上寫下今天的討論題目：「從《變形記》反思現代人的心靈處境」。每場座談會都有兩個角色出場。上課前，老師已抽籤決定每個學生的角色身分，因此幾個學生會同時飾演一個角色。每場座談會約 10 分鐘，主持坐在旁邊，可隨時發問，請其中一方暢談。老師可以把雙方角色的名稱寫在黑板上，讓觀眾一目了然。例如：

第一場：Gregor、Gregor 的父親
第二場：Kafka、Kafka 的父親
第三場：存在主義者、基督徒
第四場：歷史家、文學家

老師鼓勵學生事先搜集資料，以增加對談時的話題。過程中，學生以該角色的身分發表意見，老師從旁指引、補充。以下列出一些建議老師提問的題目：

對象	問題
Gregor	變形事件已經發生了三個月。你仍然愛你的家人嗎？你認為你的家人仍然愛你嗎？你如何藉這事件回顧你的家庭、工作、生命？你覺得這事件對你是否一個打擊？
Gregor 父親	很同情你家中發生這樣的事故。這事故對你有甚麼影響？試談談你和 Gregor 的父子關係。你對重新工作有何感覺？
Kafka	你的家庭環境寬裕，父親是成功的商人，你又完成法律學位。你滿意現在的生活嗎？你是否快樂？你追求甚麼？
Kafka 父親	猶太人家庭都很重視傳統，你對兒子有何期望？你是否以你的兒子為榮？你喜歡他從事寫作嗎？你了解他嗎？
存在主義者	你們重視個體的存在，但世界對你們來說是悲觀和痛苦的。你們怎樣看 Gregor 的生命？他的存在價值是甚麼？
基督徒	《聖經》說：「愛是恆久忍耐，又有恩慈。」（林前 13: 4）但從 Gregor 事件看到，為甚麼親人的愛那麼有限？為甚麼存在主義者覺得世界那麼孤絕？你怎樣看教堂鐘聲和 Gregor 的死？為甚麼這個世界如此無情？
歷史家	卡夫卡處於一個怎樣的時代？那時的經濟、社會、政治情況，對人心有何影響？卡夫卡的猶太人身分對其生命有何影響？

　　老師不用提問太多，可因應學生的反應，盡量讓他們多說。同時，老師可邀請臺下的觀眾向角色提問或發表意見。過程中，老師盡量綜合之前的討論題目，也可在黑板上寫下關鍵詞，如「孤絕」、「疏離」、「異化」。此外，老師可事先派發有關存在主義的簡單筆記（見附錄二）。

　　這次座談會，讓學生體會人性的冷酷和自私。不單社會如此，連親人亦如是：只要你有利用價值，別人就會與你建立關係，否則就會疏遠、離棄你。這種悲觀的情緒瀰漫於兩次大戰前後。

> 現代主義
> 現代人踏入二十世紀，沒有迎來樂觀愉快、工業革命後欣欣向榮的局面，社會反而充斥著互相憎恨仇殺。Bradury and McFarlane 指出，傳統的價值觀、科學、宗教等信念都分崩離析，現代人茫然無所依歸（頁 26–27）。現代主義藝術家擁有強烈的藝術自覺，探索超越生活表面的東西，並使用前衛創新的手法表達這巨大震撼。

　　卡夫卡在《變形記》中以寫實又荒誕的筆觸，呈現這個生命的悲情。這不單源於作者長期對父親的恐懼、因猶太人身分所受到的歧視、疾病折磨等個人的

痛苦經歷，更重要的是，他對生命有深切的洞察與體會。卡夫卡把這些沉重的憂傷化作藝術影像，讓讀者思考和感受——人在現代世界的處境。

　　面對醜陋的人性、逐利的社會、強橫的威權，人可以被擠壓至扭曲變形。劉昌元指出，「在現代，被迫的勞動與疏離的生活是許多人難以擺脫的命運。人們當然不會因此變成蟲，但貧窮、失業、殘疾、地位低微、相貌不揚等都可以使一個人看起來像是有蟲身一樣。當我們的家人、朋友有這種不幸的時候，我們會否像小說的那個父親或妹妹一樣？生命中許多美好與精彩的境界皆與人有溝通與了解的能力有關。但為什麼能達致這種境界的人如此之少？」（頁124）這是多麼設身處地的逼問。文學老師如要教得深刻，就必須與學生一同思考，如何不讓這「變形」的情態活在我們的生命裡，反而要努力以憐憫、相愛、公義這些價值觀，改善自身的環境。

六、總結

　　這短篇小說內容濃縮，承載了沉重的人生和時代分量。本課是深刻的學習過程，始於理解大要和體會主角的感受，再逐步探索近百年西方的歷史、文化、藝術，並反思人性和今天社會的處境。本章除詳細說明戲劇、繪畫、寫作、討論等教學方法外，還附上《變形記》的朗讀劇場劇本《昆蟲人》（附錄三）。老師可靈活使用，例如在「拼圖分組討論」前供學生演出，讓他們在分段教學後，對作品有整體的概念。總之，學生不單要理性分析，更要有情閱讀。

七、推薦閱讀

姬健梅譯。《變形記》。臺北：麥田出版，2011。

金溟若譯。《蛻變》。臺北：志文，1997。

李文俊譯。《變形記》。載於《卡夫卡小說選》。北京：人民文學，1994。頁38–86。

劉昌元。〈《變形記》的哲學寓意〉。載於《文學中的哲學思想》。臺北：聯經，2002。頁111–25。〔分析深刻，富啟發意義〕

葉廷芳等譯。《卡夫卡代表作》。北京：九州，2006。

周伯乃。〈悲慘的塑像：卡夫卡〉。載於《孤寂的一代》。臺北：水牛，1978。頁111–49。

Bradbury, Malcolm and James McFarlane, eds. *Modernism: A Guide to European Literature*. London: Penguin, 1991.

Callery, Dymphna. *Through the Body: A Practical Guide to Physical Theatre*. London: Nick Hern Books, 2001

Cornett, Claudia E. *The Arts as Meaning Markers: Integrating Literature and the Arts throughout the Curriculum*. Upper Saddle River: Prentice, 1999.

Corngold, Stanley, trans. and ed. *The Metamorphosis: Translations, Backgrounds and Contexts, Criticism*. New York: Norton, 1996.

David, Lawrence. *Beetle Boy*（《卡夫卡變蟲記》）。 郭雪貞譯。臺北：格林文化，2000。〔繪本〕

Neelands, Jonothan and Tony Goode. *Structuring Drama Work: A Handbook of Available Forms in Theatre and Drama*. Cambridge: Cambridge UP, 2000.

Roen, Duane H. "A Writing-to-learn / Reader-Response Approach to Teaching *Antigone*." In *Reader Response in Secondary and College Classrooms*, ed. Nicholas J. Karolides. Mahwah: Erlbaum, 2000. 225–34.

Sinka, Margit M. "Kafka's *The Metamorphosis* and the Search for Meaning in a Twentieth-Century German Literature." In *Approaches to Teaching Kafka's Short Fiction*, ed. Richard T. Gray. New York: MLA, 1995. 105–13.

附錄一：討論心得（參看本章第109頁）

甲、寓意

重點	討論心得
Group I	
1. 身體	無力、沉重感、身不由己，日漸萎縮。 身心靈痛楚。盡力行動，卻受傷害。 失去語言和手勢（與人溝通）的能力，一切努力都是徒勞的。
2. 行動	沒有意義的生活，只感到極度疲累（工作的疏離感）。 流浪的猶太人（以色列在1948年才建國）。 維護自己的權利。為追求靈性，力竭而死。
Group II	
3. 創傷	三次受傷：給父親打傷腳、給妹妹的藥瓶碎片弄傷、給父親的蘋果打傷。家人一再傷害他。 最後一程，家人已經完全放棄他。
4. 父親	自私、凶惡、不近人情。變形前後父子關係也不好，之前他欺騙Gregor說自己完全破產。及後Gregor出事的時候，他就用力敲門。Gregor也不想向他求救。 變形後，他越來越憎惡Gregor，對Gregor全無溫情可言。他自私、厭惡上班，因為他已經習慣養尊處優的生活。他只懂得把壓力施加在兒子身上。 寓意父權社會的絕對權威、冷酷嚴厲的工商業社會、威權政治、冷酷自私的人性。
Group III	
5. 溝通	Gregor向來孤僻。「變形」更具體呈現這個內向退縮、隱藏的狀況。他能夠聽到別人說話，仍有人心，但無法與外界溝通。 經理冷酷，因一次小疏失，就懷疑員工，不信任僱員。 妹妹以專家自居，十分驕傲，對Gregor失去耐性。 母親出於母愛，較能理解Gregor的心意。但她比較怯弱。 Gregor由始至終都關愛家人、有夢想，且不斷付出。
6. 房客、家人	「三」這個數字十分諷刺，因為它不是基督教三位一體（聖父、聖子、聖靈）所代表的救贖，而是代表牢不可破的力量，即家庭與社會均否定Gregor，使他孤立。他們沒有人性、沒有愛。 家人在Gregor死後有如釋重負的感覺，但不應該滿心歡喜。 人就是這樣善忘、自私。他們忘記Gregor怎樣付出犧牲，只計算自己的利益（Sinka，頁112）。

重點	討論心得
Group IV	
7. 環境	Gregor 房間細小、黑暗；外面灰白，了無生氣。
	外面下著雨，陰沉沉的。
	屋內有很多房、門的阻隔。
	Gregor 的房子逐漸被搬空、變得骯髒，後來成為雜物房，令他行動困難。沒有一樣東西是善意的。這象徵環境的敵意；社會和家庭對 Gregor 欠缺愛心。
8. 變形	負面，因為生命遭受挫折與傷害。
	正面，因為不用受工作轄制、不用被迫勞動；最後的死亡更是解脫。
	無所謂好與壞，只是藉「變形」具體呈現生活與人性的真相。「變形」暴露現實的本質：虛假、殘酷。

乙、藝術手法

重點	討論心得
1. 敘事觀點與心理描寫	第三人稱，但表達 Gregor 的內心感受時，很多時都像獨白。蟲身人心，所以他仍然渴望與家人溝通（Sinka，頁 109）。
2. 風格	如幻似真。以現實筆觸寫荒謬的事，以荒謬的事反映深刻的現實。例如首句，驚天大事，卻寫得若無其事。此外，之後的發展亦完全符合現實的邏輯。
	變形是夢幻，也是現實（惡夢般的現實）。變形揭露出真相。
3. 結構	情節相似，但揭示主題的程度加深，例如身體越來越像蟲、越來越衰弱、孤絕日深（Sinka，頁 110）。
4. 幽默、諷刺	時間象徵工作壓力，也反映 Gregor 此刻仍記掛工作。
	軍裝照和現實的大蟲模樣，對比強烈。
	母親的求情姿態可憐又可笑，場面荒謬。
	鐘聲和曙光是傳統基督教的象徵，但這裡用得十分諷刺，因為 Gregor 只有死亡的黑暗，全無救贖的宗教涵義。

附錄二：「**存在主義**」簡介（參看本章第112頁）

1. 時期

興起於第二次世界大戰（1939–1945）前後的歐洲。

2. 代表人物

祈克果（Søren Kierkegaard, 1813–1855）、海德格（Martin Heidegger, 1889–1976）、沙特（Jean Paul Sartre, 1905–1980）、卡繆（Albert Camus, 1913–1960）

3. 思想

– 存在（existence）先於本質（essence）。
– 每個人都是獨特的存在，能夠透過行動確定存在的價值。
– 外在世界沒有意義，使人產生不安與孤寂。人要不斷行動，積極尋找意義。
– 人有自由意志，對自己的行為承擔責任。
– 最後往往落進虛無、孤絕的境況。

4. 參考書目

高宣揚。《存在主義概說》。香港：天地，1986。

黃繼持。〈悲劇英雄的姿態：存在主義思潮之回顧〉。載於《寄生草》。香港：三聯，1989。頁175–84。〔概括精確，推薦閱讀〕

余達心。〈扭曲的面譜：近代文學中人的形象困惑〉。載於《生命真精彩》。香港：基督教文藝，2003。頁70–93。

Harmon, William and Hugh Holman. "Existentialism." In *A Handbook to Literature*, 216–17. Upper Saddle River: Prentice, 2009.

附錄三：朗讀劇場（參看本章第113頁）

昆蟲人

演員：

Gregor（＿＿＿＿＿＿＿飾演）

父　親（＿＿＿＿＿＿＿飾演）

母　親（＿＿＿＿＿＿＿飾演）

妹　妹（＿＿＿＿＿＿＿飾演）

經　理（＿＿＿＿＿＿＿飾演）

房　客（＿＿＿＿＿＿＿飾演）

僕　婦（＿＿＿＿＿＿＿飾演）

敘事者（＿＿＿＿＿＿＿飾演）

原著：卡夫卡《變形記》（*The Metamorphosis*）

舞臺佈置：

　　Gregor雖是主角，但不站在中央；他是給人遺棄一旁的可憐蟲。其餘兩排角色可按舞臺指示踏前或退後。

　　聲音效果在本劇十分重要，可由背轉身的後排演員發出；那些聲音象徵阻隔、暴力、冷酷。第三幕，演員可在適當時候發出小提琴聲。至於最後三下鐘聲更是諷刺；Gregor死亡，得不到任何救贖。

僕婦　經理　房客	
Gregor	父親　母親　妹妹
	敘事者
觀　眾	

第一幕　痛苦開始

敘事者：早上 Gregor 從睡夢中醒來，發覺自己變成昆蟲。他仰臥牀上，身體硬得像鐵甲，褐色肚皮旁有很多小腳。這時外面下著雨，天色灰沉沉的。

Gregor：啊，怎麼了，我是不是做夢？我這樣子怎上班？不如多睡一會（扭動一下）。轉身很困難，肚子的白色斑點十分痕癢，令我不舒服。

其實這樣不舒服的感覺又何止今天？平時我做推銷工作，整天在外奔波，旅途困頓，睡不好，又沒有人可以傾訴。

糟糕，六時半了，趕不上慣常的早班火車（焦急貌）。真的不想工作，太吃力了。若不是五年前父親破產，借了現在老闆的錢，我早就想不幹。我一直努力工作還債，從沒有請過病假。

母　親：（溫柔）Gregor，現在六時四十五分了，你是不是要出去？

Gregor：謝謝媽媽，我已經起來了。（停頓）怎麼我的聲音這樣難聽？

父　親：（用拳頭敲門）Gregor，Gregor，到底怎麼了？我聽不到你的聲音。

Gregor：我已經準備好了，現在盡力慢慢下牀。

妹　妹：哥哥，你說甚麼？甚麼地方不舒服？可以開門嗎？我找些東西給你吃（退後）。

Gregor：（吃力貌）身子太大，幼小的腳又互相糾纏，實在不能起來。

已經七時了，無論如何，一定要起來。公司七時就開門，不如我嘗試用力滾下牀吧。（「轟」一聲）

父　親：甚麼聲響？

Gregor：身子痛得很，但我要盡力滾向椅子旁，慢慢扶著站近門邊，弄開門鎖。（門鈴聲）啊，不好了，已經七時十分，一定是經理來找我。

父　親：Gregor，經理先生問你，為甚麼沒有上班？我們都不知道怎樣回答，你開門吧。

Gregor：我馬上來。

經　理：（踏上前排）我聽不懂你說甚麼？簡直是野獸聲。

母　親：經理先生，Gregor 今天身體有點不適。平時他十分勤力，一定準時坐火車上班。這個孩子呀，心中除了工作，甚麼也不想。（抱歉貌）請你稍等一會吧。

經　理：Gregor，好了，你這樣怠工令父母擔憂。一直以來我以為你是個明白人，但今天開甚麼玩笑？現在公司是淡季，你最近的業績又不好，我告訴你，你的位置絕對不是安穩的。

Gregor：（激動）經理，我馬上來，請你體諒我爸媽。（停頓）我嘗試用嘴巴扭開門鎖。（「卡勒」一聲）好極了，終於成功，現在把門推開一點。

父　母：（齊聲大叫）啊！（退去後排）

經　理：甚麼東西？不得了！（慢慢退回後排，轉身）。

Gregor：（哀求貌）經理，不要走吧，聽我說，你知道我不是懶惰的人。雖然每天出差毫無樂趣，但沒有這份工，我和家人將活不下去。你也明白人總有不舒服的時候，待我身體復原後，必加倍努力彌補。我感激公司給我機會，請你體諒。（焦急貌）一定要留下經理，說服他，要是妹妹在這裡就好了，她一定會幫我。（停頓）啊，媽媽，她受驚暈倒。（望向經理）經理，別走！

父　親：（踏前）經理留下的手杖剛好。噓噓，我要趕他回房間。

Gregor：（哀求貌）爸爸不要。

父　親：我手上還有報紙。拍拍，走吧，返回去。

Gregor：我走得慢，父親還兇狠的在後面拍打。啊，不好了，我的身體撞到門邊，很痛，走不進去。

父　親：還不進去，讓我用手杖推你！

Gregor：我的腳流血。（「砰」一聲響）爸爸用手杖把門關上！

第二幕　身心重創

敘事者：房間漆黑一片。Gregor受傷的腳使他十分痛楚，他一直迷迷糊糊待至深夜，不時給飢餓和憂慮驚醒。妹妹悄悄放在門口的牛奶令他作嘔，所以沒有碰過。此後，只有妹妹送食物來，父母都沒有接觸他。

Gregor：（悲傷）我慢慢爬進沙發下，不要給妹妹看到。

妹　妹：（探頭貌）我很怕見到他。把這些骨頭和爛菜放下，我就急忙離開。

Gregor：（聆聽）隔著房門，我仍然聽到爸媽說話，我很掛念他們。

父　親：沒有女傭，這些日子你和女兒都要處理家務，很辛苦。

母　親：沒甚麼，省些錢都是好的，只是我的氣管不大好，要不時坐下休息。

父　親：大家都辛苦，唉。

妹　妹：爸爸，喝點啤酒會舒服一點。

父　親：（大聲）不要了，喝甚麼酒。我們要想想以後的日子怎過？

Gregor：（神傷）多年來，我辛苦賺錢讓家人快樂滿足，現在一下子有這樣的改變，難怪他們徬徨不安。對不起。（停頓）我想過，妹妹拉小提琴那麼好，我會盡我所能把她送進音樂學校。唉，這一切就如昨夜的美夢。

父　親：（壓低嗓子）告訴你們一件事，多年前我的公司破產，一切財務都垮了，但我仍留下一點現款，放在銀行生息。這筆錢我一直沒有動過，加上Gregor平時給我們家用剩下的錢，如果省儉些，可以維持一年的生活。（停頓）但以後呢？

Gregor：（驚訝貌）爸爸原來還有積蓄。這筆錢……應該足夠還給老闆吧，我也不用做得那麼辛苦，能夠早點脫離工作的惡夢。（苦笑）不過，……現在想想，我不知道也好，家人有這筆錢可以暫度難關。

母　親：或許我們試試找工作。

妹　妹：媽媽，我才十七歲，除了拉小提琴，我甚麼也不會。

Gregor：（慚愧）妹妹，哥哥沒法幫助你了。

父　親：我已經休息多年，身體也發胖，可以做甚麼？這幾年，我起牀後就一邊吃早餐，一邊看報紙……（怒氣）現在年紀大了，還要我早起？（踏後）

Gregor：早起，真的要早起，每天五時的火車。（沉思貌，一陣停頓）但現在已不用了。啊，不覺又一個月。（「砰」一聲響）嚇壞我了，是妹妹進來，又迅速離開。她可不可以輕聲一點？現在還這樣驚慌？她好像很不耐煩。（聆聽貌）她在門外和媽媽吵甚麼呢？

妹　妹：（大聲）把櫃子和桌椅搬走，Gregor不就可以多些空間爬行嗎？

母　親：櫃子那麼沉重，我們很難搬得動。再者，搬開這些家具，房間空洞洞的，Gregory會十分難過，好像令他失去康復的希望。我認為

最好保留原貌。遲些孩子像以前一樣回到我們身邊的時候，就會如常生活，很快忘記中間發生的事了。

Gregor：媽媽，謝謝你了解我，我很愛這個住慣了的房間。

妹　妹：(咆哮)媽媽，不要多說，我一直照顧哥哥飲食，比你更清楚他的習慣。我們現在進去，一起把櫃子搬出去吧。

Gregor：我怕媽媽看到我，嚇壞她，所以躲在沙發下。但我心裡十分憤怒，想衝出去說，不——要——搬。(抬頭望向牆上)我要爬上那幅畫，阻止她們的行動。

母　親：(不為意)很累了。

妹　妹：(抬頭看到Gregor)媽媽……如果你疲倦……，對，出去客廳坐坐。

母　親：為甚麼你那麼緊張？(也抬頭，驚嚇貌)啊！

妹　妹：(舉起拳頭)天啊！Gregor，你……！媽媽，醒醒吧。我得快些到隔壁房間取點藥油。

Gregor：妹妹的眼神像吞掉我似的，我不想嚇媽媽的。讓我看看有甚麼可以幫忙。

妹　妹：(忙碌貌)這支藥油可以吧。(回頭看見Gregor在後面，驚嚇貌)啊！幹嗎你在我後面？(玻璃碎片聲)藥瓶掉在地上！

Gregor：(慘叫)玻璃碎片打在我的頭上。

妹　妹：走開吧，我要看媽媽。(門鈴聲響)爸爸下班回來了。

父　親：(踏前)發生甚麼事？

妹　妹：爸爸，(驚慌貌)媽媽暈倒，現在已經醒了，Gregor從房間裡跑出來。

父　親：(怒目)一定就會有這麼一天，我曾經警告你們，但你們這些女人就是不聽，嘿，現在……

Gregor：(焦急)情況不是這樣的，爸爸，你不要這樣走過來，你的皮鞋聲十分嚇人，你之前不是喜歡懶洋洋坐在餐桌旁邊看報嗎？為甚麼現在這樣用力的踏步過來？

父　親：(惡意貌)還想逃到哪裡？

Gregor：爸爸，我真的沒有惡意。出事後，父親一直用這樣嚴厲的態度對
　　　　我。(喘氣)還是快些回房間裡去。(慘叫)甚麼東西打在我身上？
　　　　是蘋果！一個接一個的轟炸我。

父　親：打你！打你！

Gregor：哎呀，不要，不要。(微微抬頭)媽媽從我房間裡跑出來，抱著父
　　　　親身體。(聲音微弱)她為我求情。

第三幕　絕望而死

敘事者：事件發生已經有兩個月了。Gregor身上的重傷至今還未復原，那
　　　　個嵌在他身體裡的蘋果，使他再也不能自由活動；加上視力越來越
　　　　模糊，他已經很少爬行了，常常伏在房間一角看著家人。他知道
　　　　家人都找到工作，父親不適應早起，常常鬧彆扭。

Gregor：但願眼前所見的都是夢。醒來後，一切如常生活，家人溫暖微
　　　　笑。(微笑)我還記得以前追求過一家帽店的女孩子，她現在怎樣
　　　　呢？(憤怒)現在，沒有人記得我了，妹妹也是把食物踢進來，半
　　　　句話也沒有。(抬頭)這個房間越來越骯髒，他們這樣忍心。

父　親：你們快些把多餘的家具和雜物搬去Gregor那邊，我們要騰出一間
　　　　房租給三個客人。(停頓，陪笑)各位先生，你們這幾天住得舒服
　　　　嗎？晚餐很快送到。這碟豬肉煮得夠入味嗎？

房　客：(踏前)可以。

父　親：多添菜，慢慢吃。

Gregor：嘿，他們吃得這樣飽足，我卻在這裡慢慢餓死。(憂愁貌。停頓，
　　　　突然側耳傾聽)美麗的小提琴聲！妹妹在練琴。

父　親：(陪笑)琴聲吵到你們嗎？我叫女兒立刻停止。

房　客：那裡，那裡。請小姐出來拉琴，有助大家調劑情緒。

父　親：那太好了。

母　親：小女一向喜歡拉小提琴，希望大家欣賞。

Gregor：這音樂好像叫醒我一樣，美妙的音符、美好的回憶。我禁不住慢
　　　　慢爬向客廳。

房　客：飯後吃雪茄真是莫大的享受。怎麼樣，老張，最近生意好嗎？我也過得挺不錯，只是有些顧客十分麻煩。

Gregor：(陶醉貌)妹妹的樂曲十分動人，她應該進音樂學校。

房　客：(高談闊論)對啊，要想辦法提高營業額。(突然看到Gregor)嘿，有趣，這是甚麼東西？

父　親：(大吃一驚，移向Gregor，擋在他和房客之間)各位先生，請回房間吧，沒事沒事。

房　客：你幹甚麼？

妹　妹：(停止演奏，望向母親)媽媽，他跑出來！

父　親：各位先生，我說，請進房間吧。

房　客：(憤怒)我跟你說，這裡有令人憎惡的事情，我們決定立刻解除租約，至於前幾天住過的日子，也會一文不付，而且我們還考慮要求賠償。(踏後，轉身，「砰」一聲把房門關上)。

Gregor：(懼怕)家人一定會擊打我。

妹　妹：(大聲)爸、媽，不能再這樣下去。(看著Gregor)。我們一定要和……這個怪物斷絕關係！我們已盡力照顧它，誰也不能再怪我們。

母　親：(咳嗽)

妹　妹：我很清楚，這傢伙最後一定會殺死我們。我們三個，已經承受很大的痛苦，我無法再忍受下去(擦淚)。

父　親：女兒，那我們怎麼辦呢？(望向Gregor)或許這東西會聽懂我們的話，可以直接告訴他。

妹　妹：不能再讓這東西留在這裡了。它真的是Gregor嗎？如果是，它應該知道，人不可能和這樣的動物生活在一起，它早應該自動離開。這樣一來，沒有哥哥，我們還能生活下去。但像今天這樣，這頭怪物會逼死我們，把房客和我們趕走。爸爸，你看，它又來了。

Gregor：(傷痛)不，不是。(虛弱，略側身)我只想慢慢走回房間。為甚麼這程路爬得那麼辛苦？我已經完全沒有氣力了。(慢慢回頭)媽媽。

母　親：(受驚，現在閉眼休息)

Gregor：(緩慢)一定要回去。(「砰」一聲巨響)啊，房門關掉了。

妹　妹：走吧，鎖上了，不會再出來的。爸爸，問題終於解決了！

Gregor：（面向觀眾）現在怎麼辦呢？（平靜）天又開始黑，奇怪，身體的痛楚好像慢慢消退。（微笑）爸、媽、妹妹，你們是我摯愛的家人，我不應負累你們。我的離開會對你們更好。（「噹、噹、噹」，街外鐘聲響起三下。Gregor慢慢閉上眼睛，低頭）

僕　婦：（踏前）到這家人打掃真不自在，常常看到他們陰沉的臉色；（看到Gregor蜷伏的身體）大蟲不知怎樣？用掃帚推它試試看。嘩，死了，（大呼）你們看，早已斷氣。

父　親：（打呵欠）大清早……怎麼？死了！（停頓）哈，感謝神！

僕　婦：你們看，它多麼瘦呀，吃的東西都原封不動放在這裡。

父　親：不要再囉嗦了。

僕　婦：（有氣）幹甚麼？

父　親：告訴你，以後不用到這裡打掃了。

僕　婦：（怒視，退後）

父　親：（平靜）太太、女兒，過來這裡，坐下。

母　親：（悲傷）嗯。

父　親：今天我們全都請假，到外面休息散步。

妹　妹：贊成。（吸一口氣）這三個月來，我們從沒一起到外面散步。（停頓）今天天氣多好，陽光暖和。

父　親：我們遲些搬往一間較小的房子，租金會便宜些。

妹　妹：地點也要方便我們上班。

母　親：是的。

妹　妹：（微笑）我們要好好計劃一番（伸懶腰）。

父　親：（靜靜對妻子說）太太，女兒越來越活潑漂亮，看來，是時候要為她找個對象了。

第 **8** 章

《動物農莊》(*Animal Farm*)

英國作家歐威爾 (George Orwell, 1903–1950) 的《動物農莊》寫於 1945 年，與 1915 年出版的《變形記》相隔三十年。經過第一次世界大戰 (1914–1918) 那樣史無前例的可怕教訓後，這世界會否變得更好？答案是沒有，反而變得更悲慘，因為不久以後第二次世界大戰 (1939–1945) 就爆發，當中使用的武器更厲害。強權崛起，卡夫卡的父親形象更強大。作家如先知，戳破事件的表象，洞察社會和人性的深處。Orwell 讓我們以一則「童話」——原名為 *Animal Farm: A Fairy Story*——反思權力下人性的軟弱。因此，教學上，《動物農莊》可以是「兒童讀物」，也可以是成人的讀物，具借鑑意義，有豐富的層次供老師發揮。

以多元系統立論，本章除中國文學、英國文學外，還結連二戰歷史、政治、語言、文化、藝術等系統，希望學生可從不同角度審視個人與政治的關係。

一、譯本

本書選用陳枻樵譯《動物農莊》，屬較近期的譯本。這版本除文筆簡潔流暢，配合平易近人的寓言體外，其角色姓名的翻譯分外傳神。加上書後附 Orwell 首次出版本作時遭刪除的序言〈新聞自由〉，十分珍貴。但這譯本有一個可以改善的地方：第七章，狗隻遭拳擊手壓倒，「拳擊手看了看拿破崙，想知道自己該踩死這條狗還是放他走，拿破崙嚴厲命令拳擊手放開蹄子。最後他舉起蹄子，受傷的狗便哀叫著逃離了」(頁 92)。譯者漏譯了上面楷書的這句原文。至於英文原著，可參考 Harcourt Brace 或 Penguin 版。

二、教學重點

　　內容方面，學生須掌握重要事件的脈絡，例如革命因由、建造風車、雞蛋事件、鎮壓行動、兩次戰爭，尤其是背後關鍵角色——拿破崙的能力和心態。當然，最重要的是，學生能夠明白故事的寓意。

　　藝術方面，學生須掌握作品的文體和佈局特點；它們與主題關係密切。此外，有關「語言和思考」的運用，也可因應學生程度調整這項教學目標。

三、教學方法

1. 靈活運用「板書」(blackboard writing)：現在科技進步，可預先寫上任何文字稿，然後藉電腦投射在螢幕上。但如能善用板書，教學效果將更突出。舉例來說，老師參照尖叫者乘眾人不覺，偷偷改寫戒條，並告訴學生「你們記錯了」。換言之，板書活動也是教學的有機部分。
2. 「遊戲學習」(game-based learning)：藉卡牌遊戲讓學生了解各動物的特性。
3. 「概念圖」(concept map)：綜合學生討論拿破崙的結果，整理為清晰的概念。
4. 戲劇教學： 透過戲劇技巧， 例如倒敘(rewind)、 角色物件(objects of character)、定格(still-image)、思路追蹤(thought-tracking)，讓學生掌握領袖和群眾的心態。

四、教學過程

　　本章的教學特色是，依循故事發展之餘，不斷前後綜合事件的意義。因此，教學如創作般，要有伏筆，並串連前後，使學生能夠明白作品的深層意義。

　　本作品分為十章：(1) 自由夢；(2) 反抗成功；(3) 分工；(4) 擊退敵人；(5) 暴力奪權；(6) 獨裁者手段；(7) 血腥鎮壓；(8) 外交失敗；(9) 拳擊手之死；(10) 豬人難辨。前四章大抵說動物的追求，接著四章是權力的運用，最後兩章是結局。

1. 革命之義

　　這環節的目標是讓學生能夠掌握動物所追求的夢想。老師略說出「曼諾農莊」(Manor Farm) 動物的悲慘處境，然後請學生朗讀濃縮版的老少校演說辭(頁 16–19)：

> 生命的本質是自由。我們應該追求舒適和有尊嚴的生活，而不應給
> 人類勞役。
>
> 人類只追求自己利益，不顧其他動物死活。因此，我們動物要平
> 等、友愛，切不可學習人類的惡行。
>
> 同志，不要再過悲慘和恐懼的日子了！我們堅決反抗人類暴政。
>
> 正義必會來臨，我們的奮鬥必定會成功！

　　老師請學生說出演說辭的關鍵詞，如自由、平等、友愛、反抗暴政等，然後請學生閱讀書中的「英格蘭之歌」（頁22–23）。老師請學生指出歌中的關鍵詞，如自由。

　　動物抱持這樣的理念，希望推翻人類不仁的政權。最後革命真的成功了。接著老師請學生閱讀「七戒」（頁35）。一言以蔽之，「動物主義」的精髓是「四足善，雙足惡」（頁44–45）。學生也指出「七戒」的關鍵詞是善良、平等、友愛。

　　總而言之，「動物主義」所表達的革命精神是自由、平等、友愛（又譯博愛）。於此，老師圈著黑板上這三個詞語。請學生回憶這些理念是歷史上哪個革命的精神？那是1789年「法國大革命」的口號。換言之，這些價值觀都是大家追求的美好東西。

2. 動物群貌

　　這個環節的目標是讓學生掌握各動物的屬性及其背後的意義。老師隨機派發寫有角色的卡片給學生。卡片數目可因應學生人數而變動。假設全班有24人：

> **最核心（11張）**
>
> • 拿破崙（Napoleon）、雪球（Snowball）、尖叫者（Squealer）、狗、羊、班傑明（Benjamin）、拳擊手（Boxer）、幸運草（Clover）、母雞、貓、莫莉（Mollie）

> **次核心（5張）**
>
> • 瓊斯先生（Mr. Jones）、腓特烈先生（Mr. Frederick）、小豬、小指（Minimus）、摩西（Moses）

> **其他（8張）**
>
> • 四隻豬、鴨、穆里兒（Muriel）、溫普先生（Mr. Whymper）、皮金頓先生（Mr. Pilkington）、牛、鳥、老鼠

老師先在黑板上列出所有角色，讓學生一目了然。然後發問下列七條問題，請持有該角色卡片的學生出來。如有錯誤出來或應該出來而沒出來的學生，老師可從旁引導。學生出來後，嘗試解釋理由。

問題	建議動物
1. 比較聰明的動物？	豬、狗、班傑明、穆里兒
2. 當權者 (擁有權力)？	豬、狗、小豬 (未來)
3. 助紂為虐者 (幫凶、奴才)？	尖叫者、小指、羊、摩西
4. 好吃懶做者？	貓、莫莉
5. 愚笨者？	母雞、牛、羊、鴨、拳擊手、幸運草
6. 善良者？	幸運草
7. 曾經反抗者？	母雞、四隻豬、拳擊手

為鼓勵學生仔細閱讀，老師也可發問一條有獎問答遊戲題，難度較高：小黑公雞扮演甚麼角色？他是領袖出巡隊伍的開路先鋒 (頁100、121)。

最後請所有持卡者分為三組，並為所屬組別取名 (禁止以「x 和 y」這種合併的方式命名)。在自由組合的過程中，學生反思自己群體的屬性，並解釋原因。過程或許有點混亂，因為部分同學不熟悉自己角色的性格，或不清楚如何定位。其後老師或可從旁宣佈：「如果有同學覺得不能歸為三組，可另外分出第四組。」那又是怎樣的類別呢？

如果學生分為三組，大抵如下：

i. 舊政權者：人
ii. 革命權貴：豬、狗
iii. 被統治者：其他動物。部分學生認為某些動物，如摩西、莫莉、羊不是善良的受欺壓者，故不應該被分在第三組。

分組後老師訪問一些角色，如：

i. 訪問「人」：你們怎樣看這些革命權貴 (豬、狗) 呢？
ii. 看看權力者與被統治者，哪一方的人數較多？
iii. 訪問「豬」：為何少數可以統治多數？
iv. 為甚麼在組合第三組時有困難？
v. 訪問「羊」(有些分在第二組)：你們真的屬於統治階層的權貴嗎？
vii. 訪問「摩西」(有些分在第一組)：你是動物，為甚麼會在「人」的組別？

　　注意：部分題目是課堂後討論的重點，故不必詳説。老師訪問角色時，其他人也要聽清楚，宜使用擴音器。此外，訪問時要有距離，讓全班學生都能看見。

3. 農莊大事

　　本環節的目標是讓學生能夠藉農莊大事來掌握背後的意義，尤其是了解領袖的人格。分組討論前，可加插熱身活動，讓學生一嘗當權力者和被奴役者的滋味。

> 「主人與奴僕」遊戲：
>
> 1. 二人（A、B）一組。
> 2. A奴役B，命令B做任何事情，30秒。
> 3. 角色逆轉；B加強奴役A，命令A做任何事情，30秒。
> 4. 訪問部分學生，讓他們説出做主人和奴僕的感受。

　　然後，全班分為四組，分組討論約8分鐘，指出事件的深層意義，尤其探討：(1) 背後的政治意味；(2) 拿破崙的能力、性格、心態。老師要提醒同學，每組的報告時間約5分鐘，不必複述事件始末。

事件	背後意義
老師示例	（參考第四章，頁51–55）
牛棚之戰 起因：瓊斯先生想奪回農莊。 結果：動物擊退人類。	1. 動物同仇敵愾，保護革命成果。 2. 雪球勇敢迎敵，並部署得宜，有領導才能，奠定農莊的安全。 3. 拿破崙懂得留力，參與不多；能力不及雪球，卻會邀功。
Group I **拿破崙取得領導權** 起因：拿破崙叫狗隻咬雪球。 結果：雪球逃走或遭毒手。 尖叫者不斷為拿破崙辯解。	（參考第五章，頁63–66） 1. 拿破崙武力奪權，非以理服人。他深沉，處心積慮建立武裝力量。 2. 尖叫者功勞大，全靠他以歪理鎮住民眾。 3. 拿破崙以卑鄙手段誣衊對手；奪權後更把一切問題推在雪球身上。 4. 拿破崙奪權後開始獨裁，要民眾無條件地服從他。

事件	背後意義
Group II	（參考第五、七章，頁67–72、79–83）
建造風車	1. 拿破崙利用大工程鞏固政權，集中控制民眾。
起因：第一次建造，想節省勞力。	
結果：不堅固，被風吹倒。	2. 拿破崙缺乏能力（工程素質差）。但他掩飾自己的失敗，把一切責任推在雪球身上；同時，又轉移民眾視線。
起因：第二次建造，不讓人看扁。	
結果：風車之戰，敵人炸毀風車。	
起因：第三次建造，不讓敵人嚇倒。	3. 拿破崙好大喜功，不斷以大工程立威，建立自己的神聖地位，人民生活更苦。
結果：終於建成，但不能用來發電。	
Group III	（參考第七章，頁84–87、91–93）
雞蛋事件和鎮壓運動	1. 拿破崙對群眾無憐憫之心，只視他們為生財工具。
起因：拿破崙想以蛋換糧，母雞反抗。	
結果：母雞遭毒手。	2. 拿破崙要群眾絕對服從；殘忍對付異己。
尖叫者說農莊壞事全由雪球策劃；動物惶恐不安。	3. 獨裁手段加劇，控制更嚴密。
起因：拿破崙認為有動物不服從他。	4. 諂媚者不斷說歪理、扭曲歷史、竄改文件。
結果：動物被迫承認與雪球勾結，大量動物被殺害。拿破崙禁止動物唱「英格蘭之歌」。	
Group IV	（參考第六、八章，頁103–8、109–13）
農莊外交與風車之戰	1. 拿破崙因利益違反動物主義，與人類交易。尖叫者更砌詞狡辯，說大家記錯。
起因：與人類交易，左右逢源。因貪小利而受騙，血本無歸。	
結果：拿破崙大怒，決定報復。	2. 拿破崙對其他農莊左右逢源，欠誠信；自食其果，皮金頓不出兵幫忙。
起因：腓特烈早有部署，先激怒動物，後襲農莊。	3. 拿破崙能力不足，受人欺騙。此外，他雖然預計腓特烈或來攻擊，卻部署不足。
結果：風車給炸毀，動物傷亡枕藉。拿破崙認為是勝利，自封勳章。	4. 尖叫者在戰爭中缺席，懂得明哲保身，並愚弄群眾，把戰敗說成戰勝。
（備註：老師在同學討論時，悄悄更改黑板上的戒條，把「過量」加在「不可飲酒」之後。）	5. 拿破崙好大喜功，沒有檢討失敗原因，反而自我膨脹，甚至生活腐化，飲酒作樂。

4. 領袖分析

　　老師在學生報告上述四題時，同步於黑板寫上學生答案的關鍵詞。然後，老師向學生提問：「綜合上述內政和外交事件，你們怎樣看拿破崙作為領袖的素質？」這時，老師就能輕易從黑板以「概念圖」歸納出三個重點：

總而言之，拿破崙本性陰險狡猾、殘忍無情，非以仁德治國。同時，他的辦事效能不高，卻懂得運用權術。他的性格和能力影響具體行事為人的表現：好大喜功，就算有危機也不顧百姓死活，只以自己的利益為中心；當有異議或妨礙時，他就不擇手段對付別人。這些都是學生從農莊事件分析所得的結果。

5. 儀式

本環節的目標是透過戲劇教學的「儀式」(ritual) 活動，讓學生掌握儀式和政治的關係。

全班分為四組，每組的任務是呈現拿破崙現身的排場和儀式。綵排時間約15分鐘，演出約1分鐘。每組要在開始和結尾用「凝鏡」(freeze-frame)。演出完畢，下一組說出上一組值得欣賞之處，如此類推。

綵排前，老師先與學生討論何謂「儀式」。

> 日常有各類儀式，例如婚喪禮、成人禮、升旗禮、動土禮、開幕禮、畢業禮、國慶遊行和閱兵典禮。有關儀式的研究異常豐富，其中有不同的定義，例如Kertzer指出「儀式是由社會來規範化的、重複的象徵行為……。儀式行為帶有正式的性質，是一個高度結構化的、標準化的系列，並常常在自身也帶有特殊象徵意義的特定地點和時間上演。儀式行為是重複的，因此也是循環往復的，但這些都服務於重要的意義，並用於疏導情感、引導認知、組織社會群體」

（引自王宵冰，頁6）；Rappaport指出「『儀式』這個概念，指的是一系列多多少少帶有不變性的、正式的行為和語言的表演，其符碼並非完全由表演者們來設定」（引自王宵冰，頁6）。[1] 於此，我們概括一些「儀式」的基本特色：(1)嚴肅隆重；(2)帶有表演性質；(3)有嚴格程序；(4)具節奏感，例如整齊、重複；(5)有象徵意義。

從人類學角度而言，儀式與宗教關係密切。參與者以各種方式敬拜神靈，祈求獲取利益，得到保護。

學生可以參考書中一些情節，並注意其漸進的關係（如頁85、91、100–102、113、121）；不必完全按照裡面的內容，而是要呈現儀式背後的效果及其意義，尤其是領袖的心態行為。

演出後，老師根據上述對儀式的理解，評論每組演出的得失，並讓學生思考這些儀式背後的權力意義。領袖享受各類以自己為中心的大型活動，滿足於群眾對自己的讚美和順從。領袖就像宗教儀式的神明般給人膜拜；當儀式越來越隆重，就表示領袖越加提升自己至神化境界，呈現無上權威。至於群眾，怯於這樣威嚴的儀式和聲勢，更自覺渺小，不敢作聲。Kertzer更深入指出，儀式是宣揚政治神話的主要工具。儀式中的各樣象徵（symbols）能建構政治世界，塑造群眾對當權者的態度；一旦建立了，大眾對當權者在儀式中設定的政治意涵和秩序就不會輕易改變。原因是，參與者除了認知外，還投入了情感，故當權者往往透過設計和運用儀式以鞏固地位，並鼓動民眾支持其施政（頁13–14）。因此，儀式是權力者的一種操控手段。

關於領袖的深入討論，即「拿破崙與瓊斯先生」，詳見下一部分。此外，如果之前已教授《變形記》，老師也可重提《變形記》專橫的父親角色。這類角色是否只見於父權中心的家庭或財閥壟斷的資本主義社會？其實，這樣的父親形象，也見於古今中外的專制政權。獨裁者和被統治者皆有不同形式的變質和異化（alienated），例如前者的膨脹、神化和後者的卑屈、扭曲。這些都是非人性（dehumanized）的表現。

---

1. Kertzer, "ritual as symbolic behavior that is socially standardized and repetitive . . . . Ritual action has a formal quality to it. It follows highly structured, standardized sequences and is often enacted at certain places and times that are themselves endowed with special symbolic meaning. Ritual action is repetitive and, therefore, often redundant, but these very factors serve as important means of channeling emotion, guiding cognition, and organizing social groups." (9)

Rappaport, "the term 'ritual' to denote the performance of more or less invariant sequences of formal acts and utterances not entirely encoded by the performers." (24)

6. 拳擊手之死

　　《動物農莊》的第九、十章是本書的尾聲。動物農莊在拿破崙的高壓統治下，何去何從？之前在第一至八章發生許多事件，牽動各人的心，但所掀起的波瀾都不及本章拳擊手死亡這件大事。拳擊手是動物農莊的精神和實際支柱。如果這老馬自然病死，大家無話可說；但現在情況並非如此。故此，本環節的目標是藉此事件，令學生反思被統治者的心態。

　　本環節（第九章）用戲劇教學。全班分為四組，每組以「定格」表達所指定的情景；老師提醒學生注意角色的表情、動作、站立位置。完成後，老師以「思路追蹤」方式，追問背後的意義（參看以下用楷書顯示的提問）。

情景	建議訪問角色的問題	參考頁數
(1) 班傑明的激動	– 拳擊手病倒。動物，你們相信領袖對他的處理嗎？ – 動物看到拳擊手給馬車接走。你們最初以為他做甚麼？你們讀懂馬車上的文字嗎？ – 班傑明一向沉默，突然十分激動。你看到甚麼？知道甚麼？ – 動物聽到班傑明的呼喊。你們的反應和感受是甚麼？為甚麼？	125尾、 126、127
(2) 拳擊手的 「反抗」	– 幸運草和其他動物對車內的拳擊手大叫。動物，你們害怕甚麼？你們希望甚麼？ – 拳擊手試圖踹破車門。你聽到好朋友狂叫甚麼？你害怕嗎？你能否成功逃脫？為甚麼？ – 拳擊手奄奄一息，任由馬車帶走。（老師對觀眾說：為甚麼拳擊手會反抗拿破崙的安排？他不是一向相信領袖永遠是對的嗎？） – 從後追趕的動物不斷懇求拉車的馬停下來。馬兒，你為甚麼不停下來？你是否知道自己把同類送到屠房受死？	127尾、128
(3) 尖叫者的應對	– 尖叫者宣佈拳擊手死亡。你為甚麼拭淚？你怎樣看拳擊手這個同志？（靜靜告訴我，你真的悲痛嗎？） – 尖叫者向群眾澄清馬車名字的誤會。你對群眾說拳擊手是怎樣死的？拿破崙如何對待老同志？（靜靜告訴我，這是事實的真相嗎？） – 群眾聽過尖叫者的解釋。你們相信拳擊手死得安詳愉快嗎？你們覺得拿破崙如何對待拳擊手？ – 幸運草低泣。你還為好友之死哀傷嗎？尖叫者的話是否令你釋懷？	128尾、 129、130頭

情景	建議訪問角色的問題	參考頁數
	– 班傑明低頭不語。你仍為拳擊手之死悲傷嗎？你相信尖叫者的話嗎？如果時光倒流，你認為你能拯救你的好友嗎？（老師對觀眾說：他是唯一老早知道統治者背後心思的人。）	
(4) 統治者的悼念 (包括演說和追悼宴)	– 拿破崙在聚會中讚揚拳擊手。你讚賞這個老同志甚麼？你對他的死有甚麼感受？（靜靜告訴我，你的感受是真的嗎？）然後，老師面向觀眾，問道：「為何拿破崙能對同志下如此毒手？」 – 動物留心聽拿破崙的悼念。你們怎樣看這個領袖？得到甚麼激勵？ – 尖叫者為追悼宴的喧鬧和昏睡辯護。你們真的為拳擊手之死哀傷嗎？（靜靜告訴我，你們是喝醉嗎？你們的買酒錢從何而來？） – 最後，老師由訪問者轉為豬隻代言人，說：「大家安靜，不要有甚麼聲音、甚麼懷疑，拿破崙同志已鞠躬盡瘁，最近又為老同志之死悲傷萬分，不要吵醒他。他還在睡覺。如果偉大的拿破崙同志精神不好，白天怎能為大家做事，努力經營農莊？你們不想瓊斯先生回來吧？你們不想失去自由吧，對嗎？」	130

總而言之，我們除看到統治者的殘忍和狡猾外，更發現動物實在愚不可及，一再受當權者蒙騙，像今次發生這樣的大事，也不覺醒。唯一覺醒的班傑明太遲發聲，也任由事件不了了之。至於受害者拳擊手，也不知道他有否真正覺醒；即使有，反抗也來得太遲，無法改變自己的命運。

然而，「拳擊手之死」是否孤立的事件？

下一個環節是「倒敘」，目的是探索事件背後的因由——統治者的心態和手段，還有被統治者的心態和反應，兩者如何導致拳擊手之死。即使發生這樣黑白顛倒的事，大家最後也無動於衷。那就是說，統治者不顧念這個老同志對自己如何忠心，竟然忍心害死他，以換取一己之樂。至於被統治者則禁口不言，或輕易消除這個受眾人愛戴者逝世的疑團。原來這一切，是長期很多事件累積下來的結果。

這環節沿用戲劇方法。全班分為四組，每組以短劇表達所指定的情景。綵排時間約12分鐘，演出約1分鐘，每組可參考或發揮原著，自由加上對白。

情景	重點	參考頁數
(1) 班傑明的能力 和性格	主要反映班傑明的沉默和犬儒 (cynical)，即是其冷淡、憤世嫉俗的態度。他說自己長命，知道無論任何朝代也不會使農莊更好。他有睿智，知道統治者的虛偽作假，但他只會輕輕嘲諷一兩句，既不點破，更沒採取甚麼行動提醒同伴；甚至當同伴叫他讀出戒條，他也不願合作。他的人生態度是自私且自憐的。	44頭、62頭、 99頭、136頭
(2) 拳擊手的能力 和性格	長久以來，拳擊手對整個農莊居功至偉。他有能力，就是勤快、高效能。更重要的是，他對社群無私奉獻。如果沒有他這樣的能力和性格，根本建造不到風車；他的精神大大感召了其他動物。 他的致命點是愚忠。忠誠是美德，但他看到同伴被殺害、統治者顛倒是非黑白時，卻仍然全盤接受，愚笨得無以復加。當初拿破崙血腥鎮壓，如果拳擊手能見義勇為，拿破崙也不敢肆無忌憚，因為當時連惡犬也不敵拳擊手的力量。正如 Lee 指出，拳擊手的愚笨在於「既不明白現況，亦不能總結過去，化為概念」(頁123)。鎮壓事件後，拳擊手不但不了了之，更表忠誠。他無法整理事件為有意義的深刻概念，結果只有請當權者代他思考。	66尾、73頭、 91頭、94
(3) 夜半怪事	統治者經常用各種手段愚弄群眾。他們固然手段高明，利用各種威迫利誘、文宣方法，加上不少附和者，一般群眾未必能輕易察覺。 天網恢恢，如果統治者的謊言被揭穿，或被人發現掩飾手段出錯，那麼群眾應該覺醒統治者的欺騙和不義。然而，群眾卻並不反思、不追究，令統治者變本加厲操縱群眾，因為他們知道群眾極為愚笨，無法制衡自己。	114尾、115
(4) 瓊斯先生的 管治和動物的 恐懼	再推前一點，早在瓊斯先生年代，動物也受盡欺壓。瓊斯先生對他們殘忍無情，常以暴力懲罰不聽話或不中用者，動物十分恐懼，敢怒而不敢言。這似乎是統治者與被統治者的慣常模式。 請注意，老師也可提問：瓊斯先生的嗜好是甚麼？飲酒。也問，他最常用來虐待動物的工具是甚麼？皮鞭。	18尾、19頭

　　每組演出後，老師請觀眾歸納事件，指出有甚麼結論。

　　綜合上述兩個環節的戲劇活動，老師總結，不論近因、遠因，都整理出一個統治者與被統治者的關係和模式。老師在學生演出與反思的時候，於黑板寫上關鍵詞，最後以「概念圖」整理農莊的權力關係：

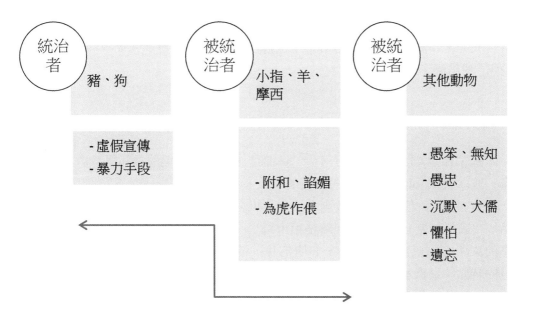

從上圖箭頭所見，左方的統治者是因，右方的被統治者是果；前者的自我中心、利益、權力越膨脹，後者越萎縮，即更愚笨、欠反思、沉默、懼怕。但同時，如果後者是因，前者是果，也可成立；被統治者越加萎縮，前者就越膨脹、肆無忌憚地擴張權力和野心，形成一個惡性循環。

另一反思是，別像班傑明那樣，以為事不關己，己不勞心。他察覺到問題所在，但或許認為不涉及自己，就不怎麼作聲。但長遠而言，最終受害的都是自己，如班傑明和其他動物常常捱餓，又受到威嚇；班傑明好友拳擊手死得悲慘，他欲救無從。

這裡，老師可引用德國牧師尼梅拿（Martin Niemoller, 1892–1984）的故事。尼梅拿在希特拉（Adolf Hitler, 1889–1945）執政初期，曾熱烈地支持他，後來卻反對納粹的主張和行為。他是二戰時期集中營的倖存者。以下是他的詩，發人深省：

In Germany they came first for the Communists,
and I didn't speak up because I wasn't a Communist.
Then they came for the Jews,
and I didn't speak up because I wasn't a Jew.
Then they came for the trade unionists,
and I didn't speak up because I wasn't a trade unionist.
Then they came for the Catholics,
and I didn't speak up because I was a Protestant.
Then they came for me,
and by that time no one was left to speak up.

老師可扮演受害者，叫喊「為甚麼你們不作聲」、「為甚麼你們不幫我」、「你知道我是冤枉的」。老師不必解釋，因課室的沉默就能使眾人反思「各家自掃門前雪」的結果。

7. 豬人難辨

這環節是《動物農莊》的末章，目標是讓學生能掌握這章和第一章的相似之處，並以物件 (objects) 綜合對角色的看法。

本書用「角色物件」的戲劇手法。全班分四組，每組自行想像以一至兩件物品，代表所指定角色 (內容範疇是第十章)。根據 Neelands and Goode 指出，所選擇的東西必須屬於個人物品，如明信片、遺囑、照片、鎖匙，能夠從中看出角色的特點，並激發學生的討論興趣 (頁20)。學生對所展示的物件抽絲剝繭，然後說出對角色的看法。這活動是透過物件，讓學生綜合演繹對角色的了解。

老師舉例說明。以《伊底帕斯王》為例，以甚麼物件代表伊底帕斯王在最後一幕的處境和心態？例如是代表阿波羅神諭的紙張和妻子的金針。組員指出雖然命運 (神諭) 驅使伊底帕斯王不自覺犯下滔天大罪，但他確實犯了罪。伊底帕斯王無面目面對自己、父母、民眾、神祇，故用妻子的金針刺瞎雙目，表示懲罰自己，更以餘生贖罪。這行動可見他有勇氣，不為命運擊倒，且勇於承擔責任。以下是有關每組活動的建議：

角色	物件舉例	參考頁數
(1) 拿破崙	皮鞭、「曼諾農莊」的牌匾、酒杯	138、140、144
(2) 皮金頓	與「動物農莊」合作的貿易合約、「曼諾農莊」的牌匾、酒杯	142、143
(3) 一般動物	新的風車工程、綠旗	133、134、136尾、137頭
(4) 老班傑明	寫上戒律的牆、弔祭拳擊手的鮮花、眼罩	136頭、139尾

物件由學生自行提出。討論後，老師可邀請每組派一至兩個代表，以「第一人稱」說出，為何用那物件代表自己。

總結而言，「動物農莊」變回「曼諾農莊」，一切回復最初的狀態，即第一章的情況：豬像人一樣喝酒，用兩腳走路，享受人的奢侈品，用皮鞭勞役在下者，並與人貿易，其苛刻程度甚至比人類更甚。皮金頓看到「動物農莊的低下動物可以做更多的活，吃更少的糧食」(頁142)，使主人獲得更豐厚的利潤，故對豬表示友好與欽羨。他也要效法豬如何管理群眾，令低層者在「少量配給和長時間工

作」（頁143）下都順服聽話。這是何等悲涼的諷刺。動物由第二章革命開始，竟然不是朝向更自由、平等、博愛的方向，反而回到第一章悲慘的光景。作品的情節結構呼應主題：所謂革命者或新的統治者，掌權後又走回老路，忘記最初的理想，變得殘忍無情，苛待百姓。作者似說明，若不汲取教訓，歷史只會不斷重演。

五、深入討論

1. 拿破崙與瓊斯先生

作品出現兩個高權力者，首尾呼應。於此，學生討論下列題目：瓊斯先生以不仁統治動物，拿破崙等領袖為解救動物，起來反抗。那就是說，革命者推翻獨裁暴力政權上臺，但為甚麼最後自己同樣變成獨裁暴力的統治者，甚至有過之而無不及？

學生有不同意見：(1) 人治不可靠，加上欠缺制衡權力的法律制度。(2) 統治者的素質，例如雪球上臺會否較拿破崙好？但有意見認為雪球未失勢前，農莊的牛奶和蘋果都歸於豬群。(3) 人性弱點，即歷史學家Lord Acton（1834–1902）所說的「權力令人腐化，絕對權力令人絕對腐化」（"Power tends to corrupt, and absolute power corrupts absolutely," Hill，頁300）。學生以此句為證，但老師必須引導他們探究原因。

只要嘗過權力的滋味，就明白權力極具吸引力。在「主人與奴僕」的遊戲中，學生扮演主人角色時，會特別興奮。當人擁有權力，如當風紀、班長、團長、部門主管時，彷彿感覺自己高人一等。這感覺漸漸使人變得飄飄然，甚至自大，因為可命令別人，別人也會設法討好自己。這樣的心理狀況又與實際利益掛鈎：權力者可分配利益、獲取好處、用各種方法掩飾自己的過失、做一般人做不到的事情；在你的分配下，受益者也越發迎合你。這樣的經驗，令人亢奮，漸漸聽不進忠言或異議、想做的事越來越多；能力不足者更想掩飾自己不斷所犯的錯誤。這樣的過程就是權力使人腐化的原因和結果。更可怕的是，這過程會持續循環下去，程度也日漸加強。領袖當初無私、仁愛、公忠的美德（假如有，而非只是革命幌子），變成自私、陰險、卸責等劣行。領袖必須深深警惕這種危險。

拿破崙是瓊斯先生的變奏版。如果當權者欠缺自省和不受制約，歷史就會不斷出現這樣的惡性循環。

2. 作者的影射意圖

如果教學時間充足，或學生力所能及，老師可以帶出這一點：Orwell 有意影射上世紀初的俄國，尤其批評史太林（Joseph Stalin, 1878–1953）政權在 1930 年代的清洗運動（Meyers，頁 131 and 137）。老師可請學生預先閱讀蘇聯近代史的資料，然後以問答遊戲，引起學生對這個課題的興趣。

老師先把本作品所有角色的名稱寫在黑板上，然後說出下列歷史人物和物象，再藉問答遊戲提問：小說內哪個角色和物象影射他們？這個方向令學生較易作答。

歷史人物或物象	答案
1. 史太林	1. 拿破崙
2. 馬克思／列寧	2. 老少校
3. 托洛斯基	3. 雪球
4. 工人階級	4. 拳擊手
5. 俄國沙皇	5. 瓊斯先生
6. 東正教會	6. 摩西
7. 英國邱吉爾	7. 皮金頓
8. 德國希特拉	8. 腓特烈
9. 蘇聯秘密警察	9. 惡狗
10.《真理報》	10. 尖叫者
11. 馬克思主義	11. 老少校演說辭
12. 國際歌	12. 英格蘭之歌

上述答問只是引子，老師可鼓勵學生繼續探究動物農莊的情節與蘇聯歷史事件的對照（Meyers，頁 131–43）。但本書教學重點不在歷史影射，而是人性面對權力時的弱點；學生即使不知道這段歷史，也無損對《動物農莊》主題的理解。

3. 寓言故事作為文體

這個環節探索作者為何用童話的「寓言」體裁，說出如此驚心動魄的政治與人性醜惡的故事。「寓言」乃精簡的故事，通常以動物為主，透過機智幽默方式諷刺人的愚昧（Holman，頁 221–22）。最著名的作品為希臘的《伊索寓言》（*Aesop's Fables*, ca. 600 BC）。寓言是有教訓（moral）意義的，好像《龜兔賽跑》反映有能力的人，如果驕傲怠惰，最終會失敗收場；反之，有些人雖然能力不足，但有毅力的話，最後也會成功。《螞蟻和蚱蜢》也有類似的意義。

老師把全班分為四組，討論後各組逐一報告。作者以寓言寫作，有其用意：

i. 童話體裁，加上溫和語調，即使影射別人也能減少受攻擊的機會，因它不過是「可愛的寓言童話」。

ii. 文字淺白易懂，讀者容易掌握作者想表達的意思。

iii. 寓言中的動物角色性格分明，如忠奸、懶惰、勤勞，讀者容易受引導至作者的觀點和對人性的理解。

iv. 讀者知道寓言一定有教訓，故有意識思考《動物農莊》背後的意義。

v. 童話世界純真可愛，對比黑暗的現實世界，有極大的反差；而反差越大，諷刺效果亦越大。

vi. 寓言令故事有普遍意義（universality），即非特指某時某地之事。

vii. 寓言乃粗淺的故事，讀者不會投入感情，因此像旁觀者般批評、嘲笑角色，有足夠的距離觀察和思考。

4. 政治與語言

「動物農莊」的統治者除以大工程、武力、儀式外，也運用語言的手段控制民眾。這並非一般的游說語言，而是蘊含各樣扭曲的成分，如加減字眼、竄改文獻、偷換概念、改動字詞定義、運用深奧的詞彙等方式，然後不斷重複出現。學生可比較前後戒律：

前七戒	後五戒
1. 雙足行走者皆為敵人。	1. 四足善，雙足更善。
2. 四足行走或具翅膀者皆為朋友。	
3. 不可穿衣。	
4. 不可睡於床上。	2. 不可睡於有床單的床上。
5. 不可飲酒。	3. 不可飲酒過量。
6. 不可殺害其他同類。	4. 不可無故殺害其他同類。
7. 動物一律平等。	5. 所有動物一律平等，但有些動物比其他動物更為平等。

「動物主義」在統治者巧妙和滲透的方式下，慢慢改變了原來的面目，例如「後五戒」最末的「平等」（equality），被扭曲為相反意義，變成「較有特權身分地位」。那就是說，當權者玩弄語言，使之為自己利益服務，其運作原理就是破壞語言清晰傳意的功能。類似例子在 Orwell 的另一著作《1984》（*Nineteen Eighty-four*）更為明顯，例如當權者宣揚「戰爭」等於「和平」、「勞役」等於「自由」、「無

知」等於「力量」的口號（頁6）。若非政權強行扭曲，一般人不會把反義的詞語和原來的詞語畫上等號。這樣做目的是影響民眾思考。南方朔指出，「政治會摧毀語言，從而模糊是非，終致摧毀掉思想。……當代的語言日益『歐威爾化』（Orwellian），它以詭譎的修辭造句法，瓦解了啟蒙時代迄今的人道精神。這種詭譎的修辭造句法，透過正反義的詞語混淆了傳統的是非概念，讓人的認識趨於困難。當判斷標準變得模糊時，意識形態的宰制也更為容易。非語言和語言的因素，使人對需要複雜思考的問題越來越無法掌握，是非的混淆使簡單答案更容易流行」（頁51、55）。那簡單的答案就是當權者的意思。換言之，如果語言混亂模糊，民眾的思考也會混亂模糊，當權者就能以自己的思考取而代之。動物農莊裡糧食短缺，但尖叫者說只是「調整」糧食供應（頁118），如此真相就不清楚了。尤有甚者，不單當前的東西不清楚，過去的記憶和歷史亦如是。《動物農莊》第十章開始描述的景況，正是如此。動物除了服從和工作外，其他甚麼也不知道。整個社會只剩下權力者的語言和標準，就如尖叫者不斷指出，現在的動物農莊比之前的曼諾農莊更好，不容置疑。

六、總結

《動物農莊》是可以多層次閱讀的作品，像史威夫特（Jonathan Swift, 1667–1745）的《格列佛遊記》（*Gulliver's Travels*），既是童話，供青少年閱讀，也是成人的「童話」，具警世意味。

本書的教學用順序和綜合的方式，先了解「動物農莊」的革命因由和大事，然後逐步分析革命領袖拿破崙的性格。由此，學生慢慢掌握作品的兩大重點：(1) 權力令人腐化，源於人性的弱點和制度不善；(2) 獨裁者專制、暴力、詭詐的面貌。然而，當推進至末二章時，老師透過「拳擊手之死」和「豬人難辨」這兩件震撼的事，引導學生思考更長遠的因由，即民眾的「配合」。他們沉默、屈從、附和、姑息，助長專制政權橫行，就是漢娜鄂蘭（Hannah Arendt, 1906–1975）所說的「邪惡的平庸」（banality of evil）。那就是說，邪惡會透過極普通的人身上展現，平常人可以做出大惡行（頁252）。此消彼長，形成惡性循環，加劇上述兩大重點的發展。統治者的確是較有權力的一方，要負上較大責任，但被統治者同樣需要負責。兩者的關係不是單向的，乃互為因果。

學生由最初閱讀童話寓言的心態，到層層揭示當權者與民眾的面貌，以致最後看到革命神話的破滅——理想落空，回歸之前的不義政權。這不義的政權比較之前的，甚至有過之而無不及。這落差對學生的衝擊甚大，但亦涉及很多討論，譬如權力與人性、政治與語言、寓言的諷刺效果等課題。雖然作者有意影射蘇聯政治，但本章只略為提及，避免局限作品所反映的深刻主題。此外，

教師由始至終亦無需提及切身的政治歷史問題，以保留空間和距離給學生自由思考。

七、推薦閱讀

陳枻樵譯。《動物農莊》。臺北：麥田出版，2011。

南方朔。〈別讓語言變成控制的工具〉。載於《語言是我們的海洋》。臺北：大田，2000。頁 50–56。

王宵冰編。《儀式與信仰：當代文化人類學新視野》。北京：民族，2008。

Arendt, Hannah. *Eichmann in Jerusalem: A Report on the Banality of Evil*. London: Faber, 1964.

Bell, Catherine. *Ritual Theory and Ritual Practice*. Oxford: Oxford UP, 1992.

Hill, Roland. *Lord Acton*. New Haven: Yale UP, 2000.

Kertzer, David I. *Ritual, Politics, and Power*. New Haven, Yale UP, 1988.

Lee, Robert A. *Orwell's Fiction*. Notre Dame: U of Notre Dame P, 1969.

Meyers, Jeffrey. "The Political Allegory of Animal Farm." In *A Reader's Guide to George Orwell*. Totowa: Rowman & Allanheld, 1977. 130–43.

Neelands, Jonothan, and Tony Goode. *Structuring Drama Work: A Handbook of Available Forms in Theatre and Drama*. Cambridge: Cambridge UP, 2000.

Orwell, George. *Animal Farm: A Fairy Story*. New York: Harcourt Brace, 2003.

Orwell, George. *Nineteen Eighty-four*. London: Penguin, 2008.

Rappaport, Roy A. *Ritual and Religion in the Making of Humanity*. Cambridge: Cambridge UP, 1999.

三、評核與回應

評核與回應

　　評核目的不只是分別高下，更重要是使學生能夠回應課堂所學，讓他們自己和老師反思、改善學與教的進度，以致在往後的活動做得更好。本書引言指出，由教學過程到總結，翻譯文學有不同的評核方法，例如：課堂答問、文學日誌、小組討論、導修報告、創意寫作、戲劇演出或其他藝術媒介表達、小測、網上討論、論文寫作，希望學生有情有理、且不斷進深表達對作品的看法，而老師也在過程中，給與學生適切的回饋 (feedback)。此外，學生自我評估和同儕意見也會使學習者進步；是以教學與評核乃互為因果。正如 Sambell 等學者指出，從「促進學習的評估」(assessment for learning) 角度，教、學、評三者應是融為一體的；在好奇與答問之間，知識、意念得以互相激盪 (頁 151–52)。因此，前面八章所說教學過程的活動，都需要師生的積極參與，才能使彼此交流的心靈活躍，從而增強教與學的效果。

　　本部分集中闡述論文寫作。學生每次上課都汲取知識和反思學習，但最終他要整理所累積的東西和總結心得。每部翻譯文學作品都涉及兩種語言及其國別的文學 (在本書而言，乃中國文學和西方文學)。從多元系統論而言，每個國家文學系統內，還有不同的小系統互相交疊，例如在中國文學內，翻譯文學與中文原創作品、翻譯文學與改編作品，翻譯文學作品之間等範疇的撞擊。此外，中國文學和另一個西方文學系統也有互動，例如譯作與原作。還有，翻譯文學也涉及其他系統，例如，文化、語言、歷史、政治、社會等範疇。這些龐大的知識系統，對學生來說是很大的挑戰，他需要較長篇幅的文字去論述和沉澱所學。最後，老師對作業的回饋和學生之間的交流，將會使學生對這門知識更具信心。

一、比較

　　眾多論文類型中，本書選擇「比較」(comparison) 作為論文要求，主要希望學生不單整理系統之間的事實，更要在不同作品中歸納一些看法和原則。於此，學生必須對一部或以上作品有融會貫通的理解才能做得到。

　　所謂比較，就是比較兩部作品的「相同」和「相異」。其中最關鍵的一點是，學生選擇哪兩部作品比較，即是他要說出為甚麼把這兩部作品放在一起。他要指出比較基礎在哪裡，例如：屬同一個作者？相同題材或風格類別？互相借鑒的藝術技巧？其次，他一定要看得深入；表面的比較是沒有意義的。正如 Eschholz and Rosa 指出，最好能夠指出「兩個類近東西的不同處」或「兩個不同東西的相似點」(頁198)，如此才能反映論者有尖銳的思考和洞見，看到一般人看不見的東西。

　　我們並非要求學生達到專家般真知灼見的標準，其實有時在書中發掘一些小點，並作出個人評價，也是充滿驚喜的。Manlove 稱這種閱讀過程中的個人感知為「最初的洞察」(頁11)。這小點出於他個人的沉思，既是有情有理的體會，亦持之以據。文學畢竟是人生的再現，有無限可能；正如 Rosenblatt 的交流理論所言，每個讀者都可以和作品產生獨一無二的美學和生命交流 (頁12、36)。

二、作業要求

　　課堂之初一定要說明功課要求，例如：論文和其他評核活動所佔的比例、評分準則、論文字數 (例如高年級 2000–3000 字)、論文格式 (例如 MLA 規例或註釋方法)、交功課日期等項目；這些都要看學生程度和個別學校安排而定。以下是一個例子：

　　根據本書提供的自學書單，讓學生從三個項目中任選其一作比較。

　　1. 自學書單內的兩篇作品；

　　2. 一篇自學書單內的作品與一篇課堂閱讀的作品；

　　3. 一篇自學書單內的作品與一篇中國現代小說或戲劇。

　　這份功課讓學生自訂範疇和題目，但教師可建議學生選擇一個小題目，這樣學生才能對一個主題作較深入的思考和分析。

三、自學書單

　　這張書單是筆者從不同任教科目整合而成的，老師可按情況增刪。書單所羅列的篇章以小說和戲劇為主，並大抵按西方文學思潮發展分類；選書指標可參看引言的第五節。如果學生想比較的作品不在本書單之列，也可與老師商議。

	建議作品
古代文學	荷馬《伊利亞特》(*Iliad*) 選篇、《奧德賽》(*Odyssey*) 選篇；莎佛克里斯《安蒂岡妮》(*Antigone*)；《聖經》的《路得記》(*Ruth*)、「浪子回頭」(*The Prodigal Son*，《路加福音》15)
中世紀	喬叟《坎特伯雷故事集》(*The Canterbury Tales*)
文藝復興	莎士比亞《哈姆雷特》(*Hamlet*)、《安東尼與克莉奧佩特拉》(*Antony and Cleopatra*)、《奧賽羅》(*Othello*)、《暴風雨》(*The Tempest*)
新古典主義	史威夫特《格列佛遊記》(*Gulliver's Travels*)；拉辛《費德爾》(*Phaedra*)
浪漫主義	奧斯汀《傲慢與偏見》(*Pride and Prejudice*)；白朗特《咆哮山莊》(*Wuthering Heights*)
寫實主義	狄更斯《孤雛淚》(*Oliver Twist*)；易卜生《玩偶之家》(*A Doll's House*)、《群鬼》(*The Ghosts*)；哈代《黛絲姑娘》(*Tess of the D'Urbervilles*)；艾略特《織工馬南》(*Silas Marner*)；杜斯妥也夫斯基《罪與罰》(*Crime and Punishment*)；契訶夫《櫻桃園》(*The Cherry Orchard*)
現代文學	皮藍德婁《六個尋找作家的角色》(*Six Characters in Search of an Author*)；卡夫卡《流刑地》(*In the Penal Colony*)、《飢餓藝術家》(*A Hunger Artist*)；卡繆《局外人》(*The Stranger*)；海明威《老人與海》(*The Old Man and the Sea*)；歐威爾《1984》(*Nineteen Eighty-Four*)；貝克特《等待果陀》(*Waiting for Godot*)；哈維爾《通知書》(*The Memorandum*)

註：本書集中討論西方文學經典，所以一些其他國別翻譯文學和當代青少年翻譯文學作品不在此列。

　　至於中國現代小說和戲劇作品，可讓學生自由選擇，這樣，他較容易把自己曾經閱讀的中國現代文學作品與外國文學比較、結連。其實，每堂翻譯文學課，老師也會向學生介紹與翻譯文學相關的中國現代文學作品，例如曹禺話劇受希臘悲劇、莎士比亞戲劇、易卜生寫實劇等作品的影響（朱棟霖，頁346）。另外，宗璞、余華、殘雪作品也有卡夫卡的風格（曾艷兵，頁119、121、124）。但要注意的是，切忌看到某些淵源或明顯相似點，就立即把中外作品扯上關係；老師必須提醒學生不是作表面的比較，而是細緻表達個人看法。

四、評核標準

　　論文寫作乃學生對一個課題的深刻思考，能以小見大，反映他對翻譯文學的見解，包括主題反思，從而引申對人生的體會，以及藝術技巧的分析。

　　有些文學課程的評核由於涉及公開考試，所以每項評分的標準描述仔細，例如IB國際文憑課程的文學論文卷，其中內容佔分60%、「組織與開展」20%、「語言」20%；而內容又細分為「知識與理解」(20%)、「對問題的應答」(20%)、「對題材的文學慣用手法的鑑賞」(20%)。上述五部分設定為0至5分水平，每水平皆有具體指示，值得參考。此外，IB國際文憑課程文學科還有校內的口試評核，模式多樣。

　　評核會因各學校的情況和學生水準不同而有所調整，譬如有些學校需要設計不許看書作答的試卷，有些則容讓學生帶參考材料入場；筆者的學生屬大學程度，故此在學術格式方面有一定要求。以下是本書一些評量建議：

項目	佔分	參考標準
內容深度	60%	表達對翻譯文學作品內容和藝術的知識，能發揮個人見解。論點有力、例證充分，能反映你對課堂上所討論課題的了解和分析能力。引文後要詳加解釋。
邏輯結構	20%	每段論述豐富完整。建議每段起首用主題句 (topic sentence)，段末用小結句。全文要結構分明，能層層推進論點。能運用歸納或演繹的論證方法。結論要有力，能概括全文論點。
學術格式	10%	依據嚴格論文格式。所有引文 (直接或撮寫) 必須註明出處和頁數，否則視作剽竊。建議用註腳 (footnote) 方式。
行文暢達	10%	文句通順，用詞精確。注意適當運用句號和分號，使意思清楚。避免錯別字。

　　文學教育評估乃專門研究的範疇，例如對「內容」的看法，Purves and Rippere指出可分為四類：(1)「情感」，強調參與；讀者受作品的影響；(2)「客觀」，強調理解；描述或呈現作品；(3)「演繹」，闡述作品的意義；(4)「評價」，以某些標準評定作品 (頁 10–45；引自 Protherough，頁 13)。當然，這四類並非截然劃分，而是可以同時出現於論文內。

五、功課準備

由選題到下筆，每次作業都要經過長時間準備。課堂上，老師提供可比較的題材和相關參考資料，而學生也要把有興趣的題材記下來。最後，學生挑選較有心得的題目，深入思考；他最少需閱讀作品兩次，以反覆推敲求證。

下筆前一定要擬好大綱和羅列論點，這個過程可幫助學生組織自己的看法和排列論點的次序。如此，下筆時才可上下兼顧、論說嚴密。此外，因受制於篇幅，學生要選取可最多發揮的要點，而捨棄其他，例如，在準備過程中發覺對兩部作品的相似點有較多見解，那麼其相異點可略為提及就可以，又或者相似點有兩個特別重要，申論豐富，那麼其他的需要割愛。

最後，可參考一些相關書籍或論文以補充或支持自己的論點；大陸這方面的重要期刊有《國外文學》、《外國文學研究》、《外國文學評論》、《世界文學》、《中國比較文學》，而臺灣的是《歐美研究》、《中外文學》、《淡江評論》。學生切忌未熟讀作品就大量閱覽各家意見，如此，就等於以別人想法代替自己思考。

六、論文組織

論文分「引言、主體、結論」三部分。大抵來說，引言要指出兩部作品的比較基礎，而總結要一一歸納全文論點；引言和結論必須首尾呼應，緊扣題目的焦點。主體部分當然是盡情發揮題目的涵義。

通常比較論文有兩種組織方法，一般而言會採用「點對點」(point-to-point)方式。假設比較甲乙兩部作品，學生發揮三個論點，那麼三個段落的組織是甲1乙1、甲2乙2、甲3乙3這個情況，其好處是令讀者容易把握每點關係。

另一種比較方式是「板塊」(block) 組織。學生先闡述甲的所有論點，然後下半部說乙的論點，其好處是對甲和乙有整體討論，缺點是讀者較難逐一對應 (Eschholz and Rosa，頁201)。因此，這個方法較多用於篇幅短小（例如2000字以內）的論文。就算如此，學生在次序上也必須對應兩個板塊的論點。

```
甲  1
    2
    3

乙  1
    2
    3
```

　　如果想令到讀者對應容易，在論述乙1、2、3時，可再略提及一些前面說過甲的論點，這樣，結構就會較為緊密了。

七、評核回饋

　　老師除了對學生論文給予評論外，也可酌情安排表現優秀的同學與其他人分享他們的寫作過程和心得，並在徵得他們同意下於班上傳閱其作業。大抵而言，他們選擇自己喜愛的作品，並嘗試找一個小題目深入探討，例如Brutus和Hamlet的抉擇、《動物農莊》和《通知書》的群眾心態、《動物農莊》和《1984》的語言控制、《變形記》和《局外人》主角的孤獨／反抗／死亡。優秀作業一般來說都是組織出色的，能有層次地表達豐富內容。以下是兩個例子：

　　學生甲，以三個論點說出兩部作品的相似點；他在每段闡述一個論點時都會略提及關涉的相異點，但其分量又不至於喧賓奪主，即是全文仍以相似點為主軸。

　　學生乙，論文主體以三段比較兩篇作品，第一段說兩部作品的共同點，第二、三段說出其相異之處。那是說，他全文的重點在相異處，但亦不忘以厚實的相同點作為比較基礎。

　　以上學生並非只知道光譜其中一方的極端——相同或相異——還能夠有意識地去辯證兩者的關係，所以表現較佳。

　　至於能力稍遜者，一般設題不明確或範圍太大，例如「主角的人生」（人生的意涵可以很闊）、「從作品看中西意象」（背後涉及太多知識範疇）。組織方面，即使用了板塊的方式討論兩篇作品，可是太少論點的交集，像各說各話，失去比較的意義；有時學生只在結論指出兩者顯而易見的相同或相似點，發掘不深刻。另一個比較文章常見的缺點是，只一面倒說相同或相異，不在引言或其他位置作辯正的補充，因此給人過於偏激或「為比較而比較」的感覺。譬如有同學極力讚揚《玩偶之家》Nora的反抗力量而貶損《簡愛》Jane的反抗決心；這個立論似乎對Jane有欠公允。最後，有些同學雖然抓住焦點發揮，但關鍵概念解釋不足，例如談現代主義作品中「異化」這個主題，一定要多作定義說明和引用學術資料支持，這樣論點才堅實有力。

　　學術論文訓練要長時間培養。老師必須給與學生範例和講解細節，其中兩點值得一提的是：(1) 華人學生較不習慣在每段之首以主題句（topic sentence）點出段旨，並且在段末以小結句回應主題句。華人學生在論文格式和邏輯思辯方面需要更加嚴謹；(2) 面對互聯網浩繁的資訊，學生很容易受抄襲（plagiarism）的試探，該下註的地方模糊不清或刻意隱瞞。老師一定要指出這方面的倫理操守

和犯剽竊過失的懲處。這些訓練不應只限於大學課程，在小學或中學階段也必須如此。學生寫評論文字，最好多些自己見解。如果拿取別人的意念，一定要說明出處。

　　本章下面環節，會以兩篇論文，表達學生對閱讀翻譯文學的回應；每篇附老師評論和學生反思。期望每次這樣教、學、評三者的交流，都能激發學生持續對翻譯文學的興趣和探索。

八、參考書目

曾艷兵。《卡夫卡與中國文化》。北京：首都師範大學，2006。

朱棟霖。〈曹禺與西方戲劇〉。載於《曹禺評說七十年》。劉勇、李春雨編。北京：文化藝術，2007。頁 341–55。

Black, Paul, Chris Harrison, Clare Lee, Bethan Marshall, and Dylan Wiliam. *Assessment for Learning: Putting It into Practice*. Berkshire: Open UP, 2009.

Eschholz, Paul, and Alfred Rosa, eds. *Subject and Strategy: A Rhetoric Reader*. New York: St. Martin's Press, 1985.

Griffith, Kelley. *Writing Essays about Literature: A Guide and Style Sheet*. Boston: Heinle & Heinle, 2002.

Manlove, Colin. *Critical Thinking: A Guide to Interpreting Literary Texts*. Hampshire: Macmillan, 1989.

Protherough, Robert. "Assessing Response to Literature." In *Assessment in Literature Teaching*, ed. Christopher Brumfit. London and Basingstoke: Macmillan, 1991. 9–15.

Purves, Alan C., and Victoria Rippere. *Elements of Writing about a Literary Work: A Study of Response to Literature*. Urbana: National Council of Teachers of English, 1968.

Rosenblatt, Louise Michelle. *The Reader, the Text, the Poem: The Transactional Theory of the Literary Work*. Carbondale: Southern Illinois UP, 1978.

Sambell, Kay, Liz McDowell, and Catherine Montgomery. *Assessment for Learning in Higher Education*. Oxon: Routledge, 2013.

論文一

愛的真諦

——比較《簡愛》羅徹斯特與《玩偶之家》托伐的戀愛態度

鄭潔明

愛情是文學作品不朽的題材，讀者可從小說人物的戀愛態度思考何謂真愛。《簡愛》記述羅徹斯特和簡如何步進婚姻，《玩偶之家》則交代托伐與娜拉如何結束婚姻。[1] 簡和娜拉都深愛丈夫，但婚姻的結局卻截然不同，因為愛情不是獨腳戲，必須由男女雙方努力維繫。羅徹斯特和托伐的戀愛態度是影響他們婚姻的重要元素。心理學家佛洛姆（Erich Fromm, 1900–1980）認為愛情是藝術，二人必須建立正確的愛情觀，才能理解愛的真諦。[2] 本文透過比較他們的戀愛態度，探究兩段婚姻結局不同的原因，從而揭示愛的真諦。

一、愛的基礎：平等

愛必須以平等為基礎。佛洛姆認為成熟的愛是「兩個人變成了一個，但仍舊是兩個」。兩個人因愛結合為一，但仍保存自己的完整和個性，依然是兩個獨立的個體。[3] 平等指所有人都分享著相同的人性，是一體的，但同時是獨一無二的個體，並非他人達到某種目的的手段，彼此的不同務必受到尊重。[4] 唯有平等才能產生成熟的愛。

平等是這兩段婚姻的基礎。簡和娜拉都渴望得到平等對待。簡曾向羅徹斯特宣告：「這是我的心靈在對你的心靈說話，好像我們的心靈都已跨過凡塵，而平等地站在上帝的跟前，因為我們原本就是平等的！」簡認為她與羅徹斯特都是上帝的兒女，是平等的，必須受到尊重。而娜拉一直不喜歡托伐像她父親般操控她，曾表明：「我是一個人，跟你一樣的一個人」。她認為她跟托伐一樣是人，是平等的，而不是照顧家人的工具。簡和娜拉都有平等意識，其伴侶羅徹斯特和托伐均須以平等為愛的基礎。

---

1. 本文《簡愛》的引文引自夏洛蒂・博朗特，《簡愛》，李文綺譯（臺北：遠流，2004）。《玩偶之家》的引文引自易卜生《玩偶之家》，《易卜生文集》第五卷，潘家洵譯（北京：人民文學，1995）。
2. 萬俊人，〈愛的藝術〉，《佛洛姆》（香港：中華書局，2000），頁100。
3. 佛洛姆，〈愛的理論〉，《愛的藝術》，孟祥森譯（臺北：志文，2005），頁38。
4. 佛洛姆，〈愛的理論〉，頁30–31。

二、愛的條件：尊重

具體而言，平等體現為尊重，是愛的必要條件。尊重指關懷另一個人，讓他按照本性成長和發展，而不會侵佔、剝奪和利用他，也不強求他切合己意。[5] 羅徹斯特和托伐兩人卻認為自己有權佔有伴侶，要求她們服從自己，不尊重她們的個性。

羅徹斯特不尊重簡。他渴望佔有簡，曾表明：「我必須要把妳據為我的——完全是我的。」他以「我的」強調簡屬於他，並要一生一世完全佔有簡的思想、話語、陪伴。雖然他曾回應簡：「我們原本就是平等的」，但他卻不理解平等的真義，不尊重簡的個性。簡一向自尊自重，重視平等付出，不想接受他的恩惠。但訂情後，羅徹斯特迫令她挑選華衣麗服，強迫她收面紗和珍珠項鍊，使她感羞愧。簡希望自食其力，婚後繼續當家庭教師。但羅徹斯特認為她已成為其妻，不須再當此職位，應該立刻放棄，不尊重她的獨立性。

托伐也未能尊重娜拉。娜拉指托伐「常說要把我獨佔在手裏」。他稱娜拉為「我的小鳥兒」和「我個人的親寶貝」，同樣以「我的」強調娜拉屬於他。托伐不尊重她的個性。娜拉不愛被操控，不想當盲從父親的「泥娃娃孩子」。但托伐同樣當她是「玩偶老婆」，要她服從自己，使她自覺像「要飯的叫化子」般沒有尊嚴。他不允許娜拉吃她喜歡的杏仁甜餅，剝奪她最基本的飲食自由。他要求娜拉裝扮成意大利南方打魚姑娘，跳塔蘭特拉土風舞。即使娜拉不願意，仍要在他面前裝作喜歡，扭曲自己的感受。

愛一個人應該為對方設想，而不應佔有。哲學家阿德勒（Alfred Adler, 1876–1937）認為愛情和婚姻須有同理心，戀人須具備為人著想的能力。[6] 在心理學上，這稱為同感共情（empathy），指一個人設身處地從別人的角度看問題，設想對方的感受和想法，從而調整自己的心態和思維。[7] 但是，羅徹斯特和托伐都漠視伴侶的感受。羅徹斯特把簡當作「洋娃娃般打扮」，而托伐當娜拉是「玩偶老婆」。玩偶是沒有個性的，但活生生的簡和娜拉卻有。羅徹斯特和托伐自以為是她們的主人，不尊重她們的個性，忘記她們才是自己的主人。既然每個人都是平等的，那麼誰也沒有權利佔有和控制別人。

愛應該不為私利，而是讓伴侶感到無懼。《聖經》提到：「愛是不求自己的益處」、[8]「愛裏沒有懼怕，愛既完全，就把懼怕除去」。[9] 羅徹斯特和托伐都以自我

---

5. 佛洛姆，〈愛的理論〉，頁47–48。

6. 阿德勒，〈愛情、婚姻〉，《阿德勒人格哲學》，羅玉林等譯（北京：九洲財鑫，2004），頁36。

7. 岳曉東，〈愛情的六大需要〉，《愛情中的心理學》（北京：機械工業，2009），頁138。

8. 保羅，〈哥林多前書13：5〉，《聖經》（香港：香港聖經公會，1992），頁242。

9. 約翰，〈約翰一書4：18〉，《聖經》（香港：香港聖經公會，1992），頁348。

為中心，使伴侶畏懼，得不到完全的愛。羅徹斯特想打造簡成為他「心所渴慕的美人」，強迫她接受名貴的衣飾，使簡懼怕婚後他會以「作為丈夫的威嚴來替代作為追求者之時的柔順」。托伐反對向別人借錢，挪拉借錢雖為了替他治病，卻要提心吊膽，怕東窗事發，觸怒了他。她談起此事，千叮萬囑林丹太太：「聲音小一點！要是讓托伐聽見，那可不得了！別讓他聽見——千萬使不得！」羅徹斯特和托伐的愛充滿壓迫感，使伴侶懼怕，絕非真愛。

羅徹斯特和托伐不尊重伴侶的動機不同，但同樣不以對方為重，並非愛的表現。羅徹斯特因為強大的激情而想佔有簡。他曾被騙婚，開展了痛苦的婚姻生活，而且情婦都徒有外表而沒有內涵。難得首次遇到能與他心靈交流的簡，他對她產生強烈的情感，想為她帶來幸福，所以把自以為最美好的衣飾送給她。他盼望「火熱而莊嚴的激情」把他倆融為一體。因此，他瞞婚，以免失去她。至於托伐，在以男權為主導的挪威社會中，他操控娜拉是為了滿足個人的優越感。他告訴娜拉：「正因為你自己沒辦法，所以我格外愛你，要不然我還算男子漢大丈夫？」他只是利用娜拉的軟弱反襯作為男子漢的剛強。他說不責備犯錯的娜拉，用以證明他有「男子漢的好心腸」。他自覺是強者，猶如擁有寬闊翅膀的大鳥，能保護從鷹爪底下救出的小鴿子。哲學家羅素 (Bertrand Russell, 1872–1970) 指有些男子會借保護來佔有女子。[10] 托伐保護娜拉只為了佔有她，使她成為自己的私有財產，甚至是孩子，以滿足他作為男子漢的優越感。

任何動機都不能成為不尊重對方的理由。以己所欲施於人不是愛的表現，因一己所欲未必是別人之所欲。[11] 正如羅徹斯特認為珠寶和華衣麗服是美好的，但簡卻討厭。每個人都有自己的個性和感受，必須被尊重。真愛更不是以己所不欲施於人，如托伐怕被尼爾威脅，不想受他擺佈，但卻要娜拉受他操控。羅素認為：「愛必須覺得那被愛者的自我和他本人的自我一樣重要，而且還必須認識到別人的感覺和願望就像是他自己的一樣。」[12] 若然羅徹斯特和托伐都愛對方如己，就會為對方設想，尊重其意願和需要。

三、真愛的體現：為愛改變

世上沒有天作之合，也沒有人天生懂得尊重伴侶，必須為對方改善自己。岳曉東指愛情的動人之處在於它使戀人不斷超越自我。[13] 自我中心是平等的絆腳石。只有放下驕傲的自我，才能真正尊重伴侶。羅徹斯特願意為簡謙卑改過，

---

10. 羅素，〈情愛〉，《幸福之路》(臺北：水牛，1998)，頁131–32。
11. 周國平，〈己所欲，勿施於人〉，《周國平文集》第二卷 (西安：陝西人民，1996)，頁168。
12. 羅素，〈道德與婚姻〉，《羅素道德哲學》，李國山等譯 (北京：九州，2004)，頁417。
13. 岳曉東，〈愛情的四種類型〉，《愛情中的心理學》，頁28–30。

學習尊重她的個性和感受，所以能與簡長相廝守；可是托伐不願改變，致使娜拉離開他。

羅徹斯特願意為簡反省、改過。在簡離開他前，他不承認重婚的錯，堅持「愛我不會錯」，辯稱只要沒受害者就可違反人為的法律，不理解簡為何不接受他；簡離開他後，他反思己過，承認「我以前做錯了，那樣做會損毀我無辜的花朵，玷污它的純潔」，學懂尊重簡持守聖潔的原則。以前，他為了佔有簡而瞞婚，發狂抓緊簡，不讓她離開；重逢後他曾誤會簡移情別戀，縱使傷心仍尊重她，平靜地請她嫁給聖約翰。以前，他執意要簡穿戴名貴的衣飾結婚，但後來他不再執著，明白這些都不值得費心，最重要是保存簡的個性，與她共諧連理。他終於反思己過，不再自我中心，懂得為簡設想。

可是，托伐卻不願改變，不重視娜拉獨立的人格。經歷被威脅一事後，娜拉表明不願再受他牽制，但他仍不重視她的意願，當她是私有財產，要求她一心一意依賴他，所有事都由他作主和指點。當娜拉決定離開他，希望他能好好了解自己，教育自己時，他仍未醒悟，不尊重她個人的成長，斥責她「瘋了」、「發燒說胡話」，功利地視照顧丈夫和兒女為她「最神聖的責任」。他怕她離家會招來別人的閒話，重視自己的面子過於娜拉的感受。

真愛予人改善的決心。要心高氣傲的羅徹斯特和托伐改善自己是殊不容易的，然而「世上無難事，只怕有心人」。羅徹斯特為愛簡而改變，但托伐卻只愛自己，執迷不悔。羅徹斯特一向以身強力壯為傲，只想當施予者和保護者；但他傷殘後變得虛弱無力，須由簡引路和代視。因為真心愛簡，他願意放下驕傲的自我，不再痛恨被幫助，反而視簡的輔助為「一輩子的快樂」。婚後，他要求簡的幫助而沒有表現出羞恥和屈辱，讓簡感到最厚實和最強烈的喜悅。他尊重簡希望平等付出的個性，對她的付出感到安慰和振奮，使她與他一起再沒束縛，完全輕鬆自在，更為她「整個天性帶來生機與光明」。他們一起時既跟獨處時一樣自由，又跟有伴侶時一樣歡快，真正達到「兩個人變成了一個，但仍舊是兩個」的境界。佛洛姆認為真愛給人自由，而非束縛。[14] 羅徹斯特尊重簡，讓她按照本性自由發展，成就平等和諧的婚姻。

然而托伐卻只愛自己，不願放下高傲的自我。他一向認為自己是強者，視自己比娜拉更重要。未受威脅前，他稱娜拉是「親寶貝」，聲稱有勇氣和力量為她挑重擔，更盼望有危險的事情威脅娜拉，使他能犧牲一切，拚命地救她。但當他知道娜拉偽造簽名後，便忘記自己說過的話，更辱罵她為「賤女人」、「偽君子」、「撒謊的人」、「犯罪的人」；他只想到自己的幸福和前途會斷送，漠視她

14. 李國華，〈論愛的理論與實踐：弗洛姆《愛的藝術》述評〉，《玉溪師範學院學報》19卷10期（2003年10月）：3。

的苦衷和感受。娜拉說不惜自盡以證明托伐清白,但他認為她的死對他沒有好處。他竟視自己的名譽比妻子的性命更重要,認為「男人不能為他所愛的女人犧牲自己的名譽」。他收到尼爾的和解信時,兩次強調「我沒事了」,而非「我們沒事了」,可見他只顧自己的利益。連威脅者尼爾都會顧念娜拉的感受,為使她難過而道歉,但身為丈夫的托伐卻只為私利而痛罵娜拉,完全沒顧念她的心情。自戀的人不願改進自己,必然會陷入傲慢自大、強加於人的陷阱而無法自拔。[15] 托伐自視過高,只愛自己而不反思,只會斥責娜拉,最終親手摧毀了自己的婚姻。

四、總結

戀愛和婚姻,光有情是不夠的,必須以平等為基礎。阿德勒指出:「唯有當有適當的平等基礎時,愛情才會走上正確途徑,婚姻才會成功。」[16] 只有視伴侶為平等的人,戀人才能尊重對方的獨立性,不因任何動機而佔有、剝奪或利用他,使他難受。真愛予人改變的力量;羅徹斯特因愛簡而謙卑改過,尊重她渴望平等付出的個性,二人終成骨肉相連的夫妻。托伐不尊重娜拉的個性和感受,只愛自己,不願改變,最終失去她。魯迅(1881–1936)認為娜拉沒有經濟能力,「免不了墮落或回來」。[17] 但娜拉有經濟能力,在托伐生病時仍能謀生。因此,能使她回來的不是經濟因素,而是托伐領略愛的真諦,願意平等待她。這樣,夫妻相處才能像真正平等以待的伴侶。小說之能動人,在其能反映生活,教讀者如何去愛。

參考書目

阿德勒。〈愛情、婚姻〉。《阿德勒人格哲學》。羅玉林等譯。北京:九洲財鑫,2004。頁 35–40。

保羅。〈哥林多前書13: 5〉。《聖經》。香港:香港聖經公會,1992。頁229–47。

佛洛姆。〈愛的理論〉。《愛的藝術》。孟祥森譯。臺北:志文,2005。頁21–90。

李國華。〈論愛的理論與實踐:弗洛姆《愛的藝術》述評〉。《玉溪師範學院學報》19卷10期 (2003年10月):1–7。

---

15. 岳曉東,〈愛情的四種類型〉,《愛情中的心理學》,頁138。

16. 阿德勒,〈愛情、婚姻〉,頁36–37。

17. 魯迅,〈娜拉走後怎樣〉,《中國近代名家著作選粹——魯迅卷》,黃繼持編(香港:商務印書館,1994),頁136。

魯迅。〈娜拉走後怎樣〉。《中國近代名家著作選粹：魯迅卷》。黃繼持編。香港：商務印書
　　館，1994。頁133–41。

羅素。〈道德與婚姻〉。《羅素道德哲學》。李國山等譯。北京：九州，2004。頁405–18。

羅素。〈情愛〉。《幸福之路》。臺北：水牛，1998。頁129–36。

萬俊人。〈愛的藝術〉。載於《佛洛姆》。香港：中華書局，2000。頁95–17。

夏洛蒂・博朗特。《簡愛》。李文綺譯。臺北：遠流，2004。

易卜生。《玩偶之家》。《易卜生文集》第五卷。潘家洵譯。北京：人民文學，1995。

約翰。〈約翰一書4:18〉。《聖經》。香港：香港聖經公會，1992。頁345–51。

岳曉東。〈愛情的四種類型〉、〈愛情的六大需要〉。載於《愛情中的心理學》。北京：機械工
　　業，2009。頁27–62、108–54。

周國平。〈己所欲，勿施於人〉。載於《周國平文集》第二卷。西安：陝西人民，1996。頁
　　167–68。

老師評論

　　　　能把握「男性角色的戀愛態度」這個小範疇深入發揮，頗有
別於一般人只集中看《簡愛》和《玩偶之家》這兩部作品的女主角
（你也沒有忽略這點）。

　　　　閱讀作品仔細，對主題了解深刻。論點持以之據，亦輔以適
切理論。

　　　　結構清晰，兩點說同、一點說異。第三點十分重要，因為你
看到他們的相異處，那正正反映愛的真諦是甚麼。

　　　　總結有力，全文申論完整，乃有深度之作。

　　　　論文引用和書目格式嚴謹。

鄭潔明反思：

　　《簡愛》的簡和《玩偶之家》的娜拉都是值得分析的人物，不少學者都對她們
作過剖析。不過，若以「愛情」為切入點，我認為比較他們的伴侶更有意思。

　　兩位女主角的異同之處令我很感興趣。她們都深愛情人，且渴望得到平等
看待，但簡走進婚姻，而娜拉卻步出婚姻。是甚麼原因導致這迥異的結局？於
是我嘗試比較她們的另一半：羅徹斯特和托伐。有趣的是，他們的性格同中有
異。他們都有很強的佔有慾。但關鍵在於心高氣傲的羅徹斯特願意為簡反省和
改善自己，令她能感受愛的自由和喜悅。可惜，托伐始終不願意改變。真愛就
在相異之處顯明了。

　　愛情之所以成為文學作品的不朽題材，大概因為其複雜性。每個人都帶著他們的個性、經歷和期望去愛。有時我們以為已經把最好的一切奉上，但可能反而為對方築起牢籠，就如莊子「魯侯養鳥」的寓言。有時我們可能不自覺把自己放大，而忽略對方的真正需要。愛情沒有定律，拙文的觀點只是從小說引申的粗淺看法。但我認為在建立關係上，尊重、溝通、同理心、改變的勇氣都是不可或缺的。

　　本文以愛情作為切入點，是因為我從身邊人的經歷和新聞中，都看到過托伐和羅徹斯特的影子。由此我想到翻譯文學的妙處在於它的跨越性。它就像蒲公英的種子，跨越地域和文化，在我們心中開花。作品引發的共鳴讓我們感受到微妙的呼應，就像在世界的不同角落，抬頭遙望同一彎新月。

　　翻譯文學為我們推開一扇門，拓闊我們的眼界，讓我們對世界有多一點感知和關懷。例如《戰火下的小花》和《劃破地毯的少年》讓我們關注彼邦的兒童問題，也欣賞人文之美。同時翻譯文學也讓我們有機會比較自身和各地的文化，潤澤我們的思想、涵養和生命。

　　翻譯文學也是跨越時間的，作品探討的命題橫跨古今。《伊底帕斯王》讓我們思考命運，《凱撒》又讓我們對政治有多一點思考，甚至可作古今比較。而閱讀不同時代的分析和評論，也讓我們了解時代環境對讀者的解讀有何影響。

　　當然，譯者的學識和文字功力也是重要的元素。能否演繹作品的精髓，如何翻譯語帶雙關的字詞，往往影響讀者的理解。比較不同地域的翻譯作品，也讓我們了解不同文化背景的人如何理解作品。

　　翻譯文學的承傳有賴教學的推動。作為老師，我認為施教時可以由淺入深，先讓學生閱讀篇幅較短的詩，進而閱讀散文、小說和劇本，讓學生逐步建立成功感。在選材上，可以選取學生感興趣或有共鳴的題材如友情、愛情、親情、校園生活、懸案等。而就同一題材，比較不同地域作家的作品也能讓學生認識不同的文化和價值觀。對讀原著和影視作品，更能增添趣味。透過比較改動處和拍攝手法，有助提升學生的理解、分析和評鑒能力。同時，可配合戲劇教學法，讓學生透過獨白、座談會等方法，深化對人物思想和感情的理解，也有助培養同理心。

　　願翻譯文學走進更多人的生命裡。

論文二

從《黛絲姑娘》和《殺夫》血、柱意象到悲劇女性的命運祭禮

鄭秀蘭

　　女性從社會發展的道路上迂迴艱辛地走到現代，由依附從屬到獨立自主，中間付出了無法計算的代價。不少不幸的女性更為此向命運的神衹獻上了生命的祭禮。哈代 (Thomas Hardy, 1840–1928) 的《黛絲姑娘》(*Tess of the D'Urbervilles*) 和李昂的《殺夫》，前者描寫純潔、善良、美麗的農村少女黛絲先失身於紈絝子弟亞歷‧狄烏柏維爾，繼而被心愛的夫婿安琪兒以不貞潔的理由拋棄，最後殺死了「肉身的丈夫」亞歷以換取短暫的自由、幸福、愛情；後者描寫貧苦的孤女陳林市被叔父半嫁半賣的給了暴戾的屠夫陳江水，精神和肉體受盡凌辱和虐待，最終以殺豬刀把丈夫殺死。[1] 兩篇小說同樣鮮活地塑造了悲劇女性在貧困無依中掙扎求存，最終以殺死玩弄、操控自己的男人而把自己從不幸中解脫出來，但這是以自己生命為代價的悲劇。兩部小說創作的地域、時代雖有所不同，卻不約而同以「鮮血」和「柱」為主調，塗抹出豐富而懾人的意象，繪畫出弱勢女性的悲慘命運及男性中心的社會圖騰。本文將穿透於兩部小說的鮮血意象，輔以柱的意象，從而探討造成黛絲和林市悲劇的各種原因，解讀兩位作者對女性悲劇命運的多重控訴。

一、動物鮮血

　　《黛絲姑娘》及《殺夫》裡都用了「禽畜的血」象徵弱勢女性不幸的際遇與死亡陰影。前者用的是馬和野雞，後者寫的是豬和小鴨。哈代對老馬「王子」意外的死亡描寫得沁人心脾。黛絲的父親得悉自己的世家血統後在酒吧興奮狂飲，而心智像大娃娃的母親杜柏菲爾太太對面前的危機毫無意識；身為長女的黛絲惟有帶弟弟，乘著「王子」代父親半夜載蜂箱到二、三十哩外的零售商處履行交易的承諾。「可憐的牲畜詫異地打量著夜景……似乎不相信三更半夜大家都在屋裏休息，牠卻奉命出去做苦工。」哈代表面寫的是老馬，實則是寫過分地承擔了家庭重擔的黛絲。疲乏的小姊弟倆在黑夜的路途中昏昏睡去，以致「王子」給飛奔的郵車撞上了，「尖尖的車杠像一把利箭刺入可憐的『王子』胸膛，鮮血由傷處泉湧而出，嘶嘶流進路面。黛絲絕望地跳上前，用手擋住傷口，結果她臉上到裙

---

1. 本文有關兩部小說的引文見於哈代，《黛絲姑娘》，宋碧雲譯 (臺北：桂冠，1994)。
　李昂，《殺夫》(臺北：聯經，2002)。

邊被濺上一大堆血球」。清雅的黛絲給王子的血沾污了。「王子」這有貴族色彩的名字一方面象徵黛絲貴族之後的身分，也暗示她最後的犧牲；另一方面也象徵冒充狄烏柏維爾家族後人的亞歷，暗示他死於血泊之中。黛絲後來與亞歷同居，被稱為狄烏柏維爾太太，也諷刺地象徵了她與家族悲劇的徹底融合。[2] 老馬的死，在故事中有特殊的意義，黛絲對不慎讓家中唯一牲口不幸去世所產生的經濟危機，帶有強烈的內疚感，導致她後來在不情願和半推半就下，一步一步跌進亞歷所設的陷阱。作品中另一個有關動物鮮血的意象，出現於黛絲被安琪兒拋棄後到布里特以西的鄉間求職，途中見到八隻羽毛沾滿鮮血的野雞。未死的都極為痛苦，黛絲感同身受，遂親自一一掐斷牠們的頸項，好讓殘存的生命得以脫離苦難。脆弱可憐的禽鳥既象徵受盡被愛情遺棄之苦的黛絲，暗喻著她最終的死亡。此外，溫順的黛絲也竟出手「殺死」野雞，似乎亦預示她最後對欺凌者亞歷的刺殺。

在《殺夫》的故事中，李昂對豬及小鴨的鮮血描寫令人觸目驚心。陳江水以飢餓為籌碼，迫林市在性生活上就範。林市為紓緩經濟困局，私下飼養八隻小鴨，本打算養大了可以配種出售。她對可愛的小鴨細心照顧，漸漸的在像性奴的日子裏有點生趣，但醉倒的陳江水卻把咻咻慘叫的小鴨砍殺淨盡。陳江水就窗外清亮的秋月照到自己手掌到臂彎間一片濃紅的鮮血，以及四散的鴨屍血肉模糊，令他想起曾操刀宰殺一頭眼神哀悽的母豬。他剖開母豬體內一個血肉筋交織的大球，赫然看見裡頭並排著八隻已長成但渾身血水的小豬。陳江水想到這殘酷可怖的景象，竟還勾起了人性的反應，號啕大哭起來。但多數時候，他對屠豬時尖刀抽離豬身，血液冒出的剎那懷藏的卻是性的亢奮，「飛爆出來的血液和精液，對他來說有幾近相同的快感」。李昂筆下小生命的痛苦和死亡，和哈代筆下的一樣，都象徵了女性的脆弱與苦難。作者用激烈的藝術手法，深化了女性在男權底下個性、尊嚴，甚至生存的權利均被扼殺的痛苦，對男權中心的社會觀念提出強烈控訴。

動物意象代表的是女性在社會和經濟架構上的弱勢地位。黛絲出生於英國貧困農民家庭，生活艱難。她失去受教育的機會，並且為解決家庭的經濟危機，被迫到亞歷家去認親，揭開災難生命的序幕。及後為自力更生，四處出賣勞力，小說中著意描寫巨大壓力下黛絲艱苦的生計。《殺夫》中林市母女在臺灣貧困鄉鎮中亦是謀生無門，要靠男人的供應，委曲求全。在缺乏獨立經濟能力的境況下，黛絲和林市像弱小的動物，任由宰割。此外，家庭的無能、無知，是造成黛絲和林市生命的悲劇的另一原因。黛絲父母對子女缺乏自我犧牲的責

---

2. 劉紀蕙於〈導讀〉中簡約提及小說中幾個血的意象，並指出「王子」這名字對黛絲和亞歷的指涉。見《黛絲姑娘》，頁 xi–xii。

任感，而且虛榮淺薄；林市的母親被飢餓迫瘋了，一個飯糰此刻比貞操更重要，自身難保的她遑論保護弱女。張雪媖指出：「這樣一個快要餓死的人，會為了填飽肚子而不惜一切」；但當地人卻認為必須懲罰「不願餓死、寧可失節」的女人。[3] 於是，林市的族人不顧念親情，將林市母女推向毀滅的邊緣。哈代和李昂感歎於命運對可憐女性的箝制，將她們化身為弱小無助的動物，讓牠們噴灑、傾流的鮮血刺激我們的神經，讓我們聽見作者對男尊女卑的社會發出強烈的控訴；還有，經濟上的不平等和家庭失效，造成弱勢婦女巨大的痛苦。

二、紅色意象

　　小說裡對血的意象進行了「變調」的描寫，那是說不直接用血，而是以紅色的食物、經血、紅嫁衣等暗示更深層的悲劇。當黛絲初見亞歷，他垂涎於黛絲的美色，把鮮紅的草莓湊到她的唇邊。她「半自願半勉強地吃下狄烏柏維爾遞過來的東西」。他在她胸口插上玫瑰，她「遵命照辦，恍如置身夢境……天真地俯視胸口的玫瑰，絕沒想到對方就是一個要在她青春生命的光譜中扮演血腥紅光的人」。草莓在這段描寫中象徵性的誘惑及黛絲的被姦失貞。這個情況和林市母親因過於飢餓而失貞一樣。在偽善的道德規條中，失貞被視為女性萬劫不復的罪惡。她們不但再沒有權利過問幸福的生活，甚至要付上血的代價。在《殺夫》中，林市畏於阿罔官對她被陳江水蠻幹時發出叫聲的嘲笑，決定強忍著默不作聲而激怒了丈夫。陳江水為作難她，迫她吃「血水腥腥的涎滲出來」的半生豬腳。林市看到手中一團血肉模糊的肉堆，不斷的嘔吐。這次難堪的經歷竟然引起了陳江水特殊的亢奮，在林市迷迷糊糊時強佔了她。她在流著經血中被侵犯，以為自己即將死去。這次的性經驗就像她最初來潮時慌張得躺在地上大喊：「我在流血，我要死了」般可憐而荒謬。哈代與李昂以食物暗喻「性」，悅目的草莓及滲血的豬腳，分別從美好虛幻及醜惡粗暴兩面去刻劃性的誘惑，昭示了造成弱勢女性悲劇除男性的手段外，還有另一個原因，正是她們性格上的弱點。無論黛絲抑或林市，對性意識方面的模糊也反映了她們自我意識之薄弱。正如董桂茹指出，從小說多處的描寫，我們不難發現黛絲像失心遊魂般的夢幻氣質。[4] 她失身於亞歷，亦在這種昏昧不清的意識下發生。林市對女性的性特質既沒知識也沒意識，與不少以性作為征服男人的勢利女性相比，林市的無知和畏縮使她被恥笑欺凌。她的性無知當初也造成母親的悲劇。林市母親被迫以身

---

3. 張雪媖，〈李昂小說的政治性：從《人世間》到《自傳の小說》〉，《天地之女：二十世紀華文女作家心靈圖像》（臺北：正中書局，2005），頁255。

4. 董桂茹，〈苔絲性格弱點分析：悲劇的另一原因〉，《西華大學學報（哲學社會科學版）》S1期（2005年12月）:132。

體與穿軍服的男人交換飯糰時，小林市不知就裡，扮演了揭露告發的角色。她母親後來被換上唯一剩餘的衣服——紅嫁衣——給綁在祠堂的大柱上。這個紅色也象徵女性的失貞；這件紅嫁衣是諷刺與羞辱並存。草莓、半熟豬腳、經血、紅嫁衣等的紅色意象反映了作者對社會偽善的道德觀念的批判。女性失貞，無論出於自願或被迫，或者性情品格如何，都被視為罪惡，為宗教、社會、家族所不容，而男性婚前（如安琪兒）、婚外（如陳江水）的性生活則可獲得豁免。黛絲及林市母親最後都要面對社會、宗族對她們的審訊。社會、宗族的審判代表的應是公平正義的公眾價值觀，但兩個失貞女子的死亡卻成為這種所謂「公義」的最大嘲諷。

鮮血意象的另一個變調是紅色的大字。黛絲被姦後決意離開亞歷的路途中，看見有宗教狂熱者用紅油到處漆上聖經標語。猩紅大字「你的滅亡必速速來到」、「你不能犯——」，令黛絲驚覺上帝對她的審判，又矛盾地覺得罪孽不是自己招來的，不相信上帝會對她說這種話。標語聳立在陽光下像火焰般燃燒，令人聯想到地獄之火。這是自以為義的人間社會對不幸者又重重踩上一腳，令他們更痛苦。《殺夫》中也有這種矚目的描寫。陳江水工作的豬灶入口，矗立著一塊刻上「獸魂碑」的柱石，大字用紅漆填染。石柱供殺生的屠工拜祭豬魂，有贖罪的意思。可見兩部小說中鮮紅的大字都與「罪」的象徵有關，暗喻罪惡、罪疚和審判。透過這些象徵，我們可以看到作者對宗教和虛偽信仰的控訴。哈代小說裡的「上帝」對黛絲是極不仁慈的。信仰對她來說，是地獄的恐嚇而非天堂的釋放、是其他人對她的審判、也是她在潛意識中自我審判的工具。至於林市的悲劇，在於鄉人和她自己的迷信。她對所信仰的鬼神菩薩充滿恐懼，在意識模糊的時候經常出現宗教幻覺。她後來殺陳江水的舉動，也是在拜祭、救贖亡母的宗教迷幻意識中進行的。此外，黛絲家族傳說中的馬車血案；阿罔官口中的豬仔索命，劏豬人難逃被開胸及浸血池的刑罰等對「冤魂之血」的描寫，也加強了宿命、報應、原罪的可怖感。對照著人物不幸的結局，這些報應疑幻似真，令讀者因不知荒謬的是宗教還是生命本身而感到迷惑。

三、人血與尖柱

兩部作品中最明顯的鮮血意象，是人血。黛絲在勞動中肌膚被割破而流血，又被亞歷形容為像一隻流盡鮮血的小羊。亞歷在「燧石篦灰爐」農場被黛絲重拳打得嘴角流血，鮮血滴在草堆上。他被黛絲刺死的時候，天花板出現一塊像聖餅般大的血漬，不久大如手掌，色澤猩紅。林市新婚之夜下體滴著鮮紅的血，還有她在月經中被丈夫侵犯時，男人、床板、女人下肢都是血。陳江水殺鴨時滿手鮮血，也預示了他被殺時噴灑的血。每一次人物身上的血都預告著另

一次流更多的血、受更大的傷害。這些男女角力中兩敗俱傷所流的血，一方面反映了弱勢女性的反抗，此乃她們維護生存和尊嚴的本能反應；另一方面，這些血也反映了人性的醜惡終至於徹底的墮落。操縱權力者被殺的角色逆轉，正正隱藏著一種墮落的毀滅。

與鮮血意象相呼應的是「柱」的意象。這意象也變調為「刀」和尖銳之物。在哈代的故事裡，「王子」被尖刀似的車杠刺死。亞歷為黛絲胸前插上的玫瑰，莖刺不時戳著她的下巴，令她有不祥的惡兆。亞歷迫黛絲在被稱為「手中十字架」的石柱上發誓「絕不用魅力或作風來誘惑他」；而這石柱原是某家族行私刑的地方，被視為不祥之物、幽靈活動之處。黛絲以刀殺死亞歷，後在拜祭異教太陽神的石柱群中像祭牲一樣等待宰殺；她行刑時，黑旗升上了塔樓的高竿。至於李昂筆下，犯奸淫罪的林市母親被縛在大柱之上。林市夢中常見一條直插入墨色漆黑裡的大柱，柱子最後被雷火燒成焦黑，從裂縫中滲出濃紅的血。刻上「獸魂碑」三字的也是一條石柱。陳江水殺豬用的是一尺多狹長的尖刀，下刀之快、狠、準，被謔笑為整治女人的本領。這些柱及尖物的意象充滿著性的暗示，以具衝刺力的陽具形象表示男性權力的圖騰，也成了作者筆下罪惡的標記，以及對女性道德批判的權杖。作者要控訴的是：孔武有力男性如陳江水對女性的暴虐與工具化、林市父輩對道德的操控及顛倒、亞歷的控制及佔有慾、黛絲的「阿波羅神」安琪兒的男性理性主義及虛偽的思維模式。

四、總結

哈代及李昂藉著「血」和「柱」兩種交錯的意象，對弱勢女性的悲劇從多角度進行強烈的、多重的批判，反映了他們的悲觀意識，及對美善人生的無法信任。不公義的社會、偽善的宗教及家族、不公平的經濟制度、失效的家庭、醜惡的人性等固然是弱勢女性無法自決的宿命，但個人意識的強或弱卻是女性可以把握的條件。弱勢女性要從命運的逆境中走過來，唯一可做的是勇敢面對人性和人生中的種種醜惡。她們要意識到這些醜惡，並揚棄之，也要從失心遊魂般的狀況和虛幻的夢境中清醒過來。在為真愛而活之前，女性應先為自己而活，及早對命運痛擊，不要留到玉石俱焚的最後一刻，成為那播弄生命的「命運神祇」刀、柱之下的祭牲。

參考書目

李昂。《殺夫》。臺北：聯經，2002。

哈代著。《黛絲姑娘》，宋碧雲譯。臺北：桂冠，1994。

張雪媺。〈李昂小說的政治性：從《人世間》到《自傳の小説》〉。《天地之女：二十世紀華文女作家心靈圖像》。臺北：正中書局，2005。頁245–81。

劉紀蕙。〈導讀〉。載於哈代，《黛絲姑娘》，宋碧雲譯。。臺北：桂冠，1994。頁ix–xxi。

董桂茹。〈苔絲性格弱點分析：悲劇的另一原因〉。《西華大學學報（哲學社會科學版）》S1期2005年12月。頁132–33。

老師評論

　　作者在兩部看似不相關的作品，緊緊抓住「鮮血」意象這條線索深入探討；由動物鮮血到紅色意象，再到人的鮮血和息息相關的尖柱意象，指出女性自覺意識的缺失，及更重要的是，男權社會、經濟不公、偽善宗教、醜陋人性對弱勢婦女的折磨，極具洞察力。

　　全文對作品主題和意象內涵融會貫通，並舉例詳盡。題目「祭禮」一詞亦是意象，暗喻女性所受的苦難和犧牲。最後的總結句亦呼應這個悲劇控訴，力量飽滿。

鄭秀蘭反思：

　　《黛絲姑娘》和《殺夫》雖同時以弱勢女性作為描寫對象，以之承載由人性、命運、社會等疊加她們身上的惡，但卻是兩部年代與文化背景極不相同的作品。前者是哈代於1891年所寫的以英國維多利亞時代社會的虛偽與扭曲，投射在一個純潔心靈中所產生的悲劇；後者是李昂1983年之作，原型取自上海1945年轟動一時的「詹周氏殺夫案」。李昂跨越了時代和文化的界線，以臺灣小鎮鹿港為背景，把老舊軼聞轉拓演繹，探討中國舊社會的陰暗面與人性的幽微。弔詭的是越傑出的作品，一方面越有作者個人獨特的風格，另一方面卻越具有全人類的相通性質。分閱二書的時候，驚訝於兩個時代和氣氛不同的故事，所用的意象卻如此相近，彷彿哈代——李昂——「我」（讀者）三者在這些人類相通的精神內容中突然聚首一堂。這篇文章裡所寫的各組「血／柱」意象，可視為對一種跨越時空的文學原型之發現；這些相同的文學原型奇妙地以象徵的方式儲存在人類的集體潛意識裡。敏銳的文學家、藝術家彷彿共飲這種集體潛意識的泉水，各以具體形象將之帶回現實世界，以訴說著世世代代人類周而復始的心靈故事，讓我們得以不斷反思生命的真諦。

　　這些故事的情節對我們的時代可能已變得很陌生，但當我們審視自己的處境，我們的社會不是仍存在強權的制度，強者肆意透過暴政暴力製造弱者和欺

壓他們嗎？人性在無數悲劇的教訓後變得更為善良還是更加險惡？可惜的是，強權的「柱」下仍流著無數被欺壓者的「血」，人類心靈對惡的控訴與善的渴求仍在這些原型裡不斷輪迴。

由求學到教學，慶幸能夠閱讀翻譯文學。生有涯而知無涯，相對於我們成長中浸淫的獨特文化，世界的本貌如此豐富多元；面對文化的汪洋大海，和無數不同時代不同語言的作品，翻譯文學是一條思想與情感的橋樑。比照同一作品不同地域、語言、譯者的版本，是很有趣的閱讀經驗，而優秀的譯者既是學者、藝術家，也是搭建這些橋樑的建築師。

在翻譯文學課讀卡夫卡的捷克文學《變形記》、古希臘悲劇《伊底帕斯王》等經典，當時的心靈與偉大作品相遇的震撼至今仍在心頭。這些不同時代與文化的優秀創作，透過它們的譯本拓展了我的人生智慧，讓我體會到真正的「神遊」，見自己、見他人、見古今、見天地，經歷超越當下的飽滿生命。

四、結語

結語

　　華人學術界至今仍未有專書在「文學教育」這個領域談翻譯文學的教與學。有的只是些近似領域，如翻譯研究、比較文學、文學研究、翻譯教學、外語教學，但它們都不是針對「翻譯文學教育」這個目標。英語學術界在這方面亦同樣匱乏，迄今只有 *Literature in Translation: Teaching Issues and Reading Practices* 談翻譯文學教學。但這本書主要是美國大學十多個任教老師的教學經驗分享，指出以英語教不同國家文學所面對的問題，並沒有構成完整的體系。

　　因此，雖然我在教學和寫作此書的過程中遇到不少困難，尤其欠缺前人經驗的借鑒，但也深感本書對翻譯文學教育的意義。由理念整合（「多元系統論」、「交流理論」），到教學策略與評核（戲劇、辯論、繪畫、文學日誌等方法）的深刻應用，本書都希望為翻譯文學教育奠下一些基礎。

一、總結與反思

　　此書不是教案結集或教程記錄，而是筆者十五年來在翻譯文學教育經驗的總結與反思。我在碩士課程開設「翻譯文學」、「戲劇賞析與教學」、「現代文學」、「小說與創意寫作」；前二者的取材是外國文學，而後二者是中國文學。正如在引言指出，教中國現代文學，不能不談它所受到西方文學的影響，例如，胡適與易卜生主義、曹禺與希臘悲劇、徐志摩與浪漫思想、白先勇與意識流寫作的關係。有了這個討論角度，學生對中國現代文學的認知會較全面。但是，本書不是從比較文學角度談翻譯文學（它可以是學生功課的其中一個選擇），而

是反思翻譯文學作品在教與學中有何理念和挑戰，從而希望突破困難，提高學生對世界文學的興趣和深入了解作品背後的意義。

　　書名不是叫「翻譯文學教學」而是「翻譯文學的教與學」，因為除了筆者的教學心得外，還有學生的學習經驗和回應。他們就像我的夥伴，彼此教學相長。十五年來，每次我教完一課，都會寫下教學日誌，反思教學得失。此外，我常常與學生討論課堂情況，由作品內容到學習成效。這本書其實是大型行動研究的成果，不斷實踐與反思以解決問題，例如碩士課的學生，有些來自中國大陸；在訪談中知道，如果不清楚解說基督教教義，他們是無法掌握一些作品角色背後的心態（例如《簡愛》女主人翁的出走關鍵和男主人翁最後的改變）。另一個寶貴經驗是教莎劇《凱撒》：課堂我們討論《凱撒》主角誰屬的問題，課後有同學帶點困惑問我，四個主角最後死了三個，那麼是否反映題目想說些甚麼；因而我們互相刺激思考，慢慢整理出一些概念——他們四人都是「凱撒」，都是權力的爭逐者，但最後一切卻歸於無有。我們對這個主題探索都十分興奮，那是除課堂內爭鳴外，課堂外還有新發現。這是何等美好的教與學交流。

二、洞察人生

　　翻譯文學確實擴闊我對生命的體會和對人性的思考。在大學所教的翻譯文學作品並不限於本書的八個作品，但由於篇幅所限，只能按文學思潮的時序選取八篇有代表意義的作品。除了引言所說的選取標準外，還有一個原則是：筆者和學生都十分喜愛的作品，為其深邃的內涵所打動。其實一些作品已經教了十多次，但每次閱讀，我都有新發現，這就是經典作品無窮的魅力。像閱讀《簡愛》，有時會反思自己的成長經歷，一時會從男主人翁角度思考整件事的發展。看《凱撒》，大家都為安東尼的勇氣和才華折服，但不到一刻卻看到他冷酷狠辣的一面，使我們對人性的複雜和多面有深切了解。看《動物農莊》故事發生的情節，不單一幕幕大至在中外歷史出現，也小至在工作環境和當下社會不斷重演，多麼真實的體會，也慨歎人的愚頑和敗壞，似無法從歷史中汲取教訓。看《變形記》，主角的孤絕，也是我們在權力支配和物慾橫流社會下的切身悲哀。經典作品看透人生，其不朽價值也在於此。

　　由於教學經驗的累積和體會越深刻，教學法也同樣越精到。因此，本書最初打算每篇作品寫八千字左右，但後來一些篇章竟達到萬二字，因為課堂的教學實在太豐富了。舉例，最初在《動物農莊》教學是沒有「儀式」這個環節，但後來這活動引起很多回響，令學生熱烈討論作品的主題，所以變得重要。此外，《變形記》的朗讀劇場也是後來才加上去的，創作者不單要正確掌握情節，更需飽含情感，投入角色的所思所感。

在外文系研習西方文學到今天在講壇對學生分享翻譯文學，這些偉大的作品都豐富我的心靈。我同意翻譯學者張曼儀所説的，「翻譯為我打開了窗子，解除單語的束縛，設身處地感受其他語言文化的人如何看世界、如何思維，擴闊視野和思想領域，使生命豐富、性情謙和」（頁6）。真的，天外有天，人上有人，打開窗子看世界，對生命體會更深刻，對人的同情亦如是。

三、跨語言、文學、文化的閱讀

翻譯文學受惠於多元系統的理念，讓我們看到它不單在譯語文學系統內的意義和影響，還有和原語文學、其他學問系統的豐富交往。

從實用角度，我們需先跨越語言的障礙。每個人除母語外，就算多懂英語和其他語言，也無法通曉世上大多數國家的語言。本書的作品包括英語、德語、希伯來語、希臘語，但我們現在都能以中文窺探它們的世界。讀者應抱謙卑態度：別説甚麼文化認知、藝術啟發、人性體會，沒有翻譯，我們連基本內容也不知道。

多元文學和文化的天地廣闊無比，令人讚歎。數年前，筆者因事走訪利比利亞（Liberia）；這個西非國家除英語外，也流通不同方言。但我從沒想過會在那裏買到非洲作家Ola Rotimi（1938–2000）用英文所寫《伊底帕斯王》的非洲改編版。我當時想，這部希臘悲劇會以甚麼面貌在非洲呈現？又是怎樣的奇緣，一個中國讀者除自己文化、希臘文化外，也在中譯版以外看到這個屬於非洲文學的改編版，以致可更多了解經典在不同國家「重生」的現象和西非文化特色。這個文化衝擊的經驗至今仍十分深刻。另一例子是，有次筆者閱讀中譯本《長路漫漫：非洲童兵回憶錄》（*A Long Way Gone: Memoirs of a Boy Soldier*），書中一個叫賈巴提中尉的角色，竟然在戰火連天的塞拉利昂（Sierra Leone）閱讀莎士比亞的《凱撒》（頁164），時空有點奇幻。於是，我在琢磨，這個軍人在那本書中究竟看到甚麼：對英雄的崇敬？權力的勾心鬥角？人性的醜陋？但我猜想，他或許看不透權力成空這點，否則他不會鼓動仇恨，指揮殺戮。血流成河是真正勝利的果實嗎？他自己隨時也會朝不保夕。當然，這兩個是特別的例子。其他與西方文學文化的相遇，自研習外語文學以來，就有多不勝數的收穫和驚歎。

本書除參考中英文獻外，還有翻譯著作，例如謝天振編《當代國外翻譯理論導讀》和王宵冰編《儀式與信仰：當代文化人類學新視野》。每門學問、每個知識系統都博大精深，這些著述都能幫助華人讀者較容易先以母語吸收學科的重要概念，繼而慢慢從原語或不同途徑累積知識，實在功不可沒。譯者是知識文化交流的橋樑；本書對所有文學和非文學的翻譯者致以崇高的敬意。

四、文學教育

本書的對象是前線教師和文學教育研究者。我們把翻譯文學放在譯語文學系統，那麼心態上，教師不會流於兩個極端——完全把譯作視為第一語文學，或擔心不是原語文學，始終「有隔」這個想法——本書的讀者應從容自信以第一語的教學方式教翻譯文學作品，同時亦意識到譯作須與原文和其他系統結合，那麼就能掌握翻譯文學教育的要旨。教師還要有世界公民的寬廣襟懷，引導學生知己知彼，與不同人的生命相連，感同身受。

若以「學生為本」的教學，就不只老師單向講解或學生報告一些參考書說法和網絡資料，而是學生與作品的獨特交流。有些老師教戲劇作品的時候，喜歡指示學生演出劇目。這個做法可行，也讓學生有表演、合作、臺前幕後經驗，但弊處是有時頗耗費時間和人力物力。故此，本書的重點是以讀者反應為理念，強調滲透課堂、靈活變化的多元教學和評核，尤其能夠配合內容，以致加深學生對文本意義的掌握和代入對角色的體會。

文學是思考、情感、美學、品格的教育。這十多年的教學經驗中，我看到學生獲得不同的啟發，也令他們的學生也受益。有學生說把上課經驗應用於自己的教室，並配合青少年的成長處境；也有學生說他中學時看過《動物農莊》，但不久就忘記了，想不到成年後重讀，可以如此深刻。另一學生到英國旅行，看到劇院上演《簡愛》話劇，立刻購票觀看，並與當地觀眾交流，令她十分滿足。誠然，我們閱讀優秀作品，就像經歷一段人生；我們投入其中，也可抽身審察生命種種情狀。豐富的課堂體驗，令彼此的思想心靈更活躍。讀者有此書的基本概念和方法，可推而廣之，閱讀、分享更多的翻譯文學作品。

本書到了這個階段，我有說不出的感恩。其實，這本書的構思已經是許多年前的事了，但由於繁重的教學和行政工作，始終騰不出時間下筆。更重要的是，心態上，想到這浩大工程——整合外國文學、翻譯研究、文學教育的知識——覺得不可能完成。這本著作並非個人閱讀隨筆，所有學術資料都不能出錯，論述必須有根據和參考既有研究成果。我認為以一人之力，實在無法勝任。但及後，我越來越看到，這個領域是中文教育欠缺的環節；時光匆匆，若不留下一些總結經驗，豈非十分可惜？在家人和朋友的鼓勵下，過去三年嘗試點點滴滴、一章又一章的寫出來。如今回首來時路，真的無法想像是怎樣走過來的。

這本書是總結和反思，但同時亦是翻譯文學教育的起點，希望能對教育工作者有些微幫助；也希望各方專家學者不吝指正，使將來有更多的研究在這個領域上開花結果。

參考書目

王宵冰編。《儀式與信仰：當代文化人類學新視野》。北京：民族，2008。

謝天振編。《當代國外翻譯理論導讀》。天津：南開大學，2008。

張曼儀。《翻譯十談》。香港：石磬文化，2015。

Beah, Ishmael. *A Long Way Gone: Memoir of a Boy Soldier*（《長路漫漫：非洲童兵回憶錄》）丹鼎譯。臺北：久周，2008。

Maier, Carol, and Françoise Massardier-Kenny, eds. *Literature in Translation: Teaching Issues and Reading Practices*. Kent: Kent State UP, 2010.

Rotimi, Ola. *The Gods Are Not to Blame*. 1971. New York: Oxford UP, 2000.